Ángel de Saavedra. Duque de Rivas

Tanto vales cuanto tienes

Créditos

Título original: Tanto vales cuanto tienes.

© 2024, Red ediciones S.L.

e-mail: info@linkgua.com

Diseño de cubierta: Michel Mallard.

ISBN tapa dura: 978-84-9007-031-4.
ISBN rústica: 978-84-9816-065-9.
ISBN ebook: 978-84-9897-536-9.

Cualquier forma de reproducción, distribución, comunicación pública o transformación de esta obra solo puede ser realizada con la autorización de sus titulares, salvo excepción prevista por la ley. Diríjase a CEDRO (Centro Español de Derechos Reprográficos, www.cedro.org) si necesita fotocopiar, escanear o hacer copias digitales de algún fragmento de esta obra.

Sumario

Créditos _____ **4**

Brevísima presentación _____ **9**
   La vida _____ 9

Personajes _____ **10**

Acto I _____ **11**
   Escena I _____ 11
   Escena II _____ 11
   Escena III _____ 14
   Escena IV _____ 17
   Escena V _____ 20
   Escena VI _____ 21
   Escena VII _____ 21
   Escena VIII _____ 24
   Escena IX _____ 26
   Escena X _____ 27
   Escena XI _____ 32
   Escena XII _____ 40
   Escena XIII _____ 41
   Escena XVI _____ 41
   Escena XV _____ 42
   Escena XVI _____ 42
   Escena XVII _____ 45
   Escena XVIII _____ 45
   Escena XIX _____ 47
   Escena XX _____ 56
   Escena XXI _____ 65
   Escena XXII _____ 70
   Escena XXIII _____ 72

Acto II _____ **75**
   Escena I _____ 75
   Escena II _____ 76
   Escena III _____ 76
   Escena IV _____ 77
   Escena V _____ 78
   Escena VI _____ 79
   Escena VII _____ 80
   Escena VIII _____ 81
   Escena IX _____ 82
   Escena X _____ 84
   Escena XI _____ 84
   Escena XII _____ 86
   Escena XIII _____ 88
   Escena XIV _____ 89
   Escena XV _____ 89
   Escena XVI _____ 90
   Escena XVII _____ 90
   Escena XVIII _____ 93
   Escena XIX _____ 95
   Escena XX _____ 95
   Escena XXI _____ 97
   Escena XXII _____ 98
   Escena XXIII _____ 100
   Escena XXIV _____ 101
   Escena XXV _____ 103
   Escena XXVI _____ 104
   Escena XXVII _____ 106
   Escena XXVIII _____ 110
   Escena XXIX _____ 112
   Escena XXX _____ 119
   Escena XXXI _____ 124
   Escena XXXII _____ 126
   Escena XXXIII _____ 127

Acto III	**129**
Escena I	129
Escena II	137
Escena III	139
Escena IV	140
Escena V	140
Escena VI	141
Escena VII	142
Escena VIII	145
Escena IX	149
Escena X	157
Escena XI	158
Escena XII	159
Escena XIII	160
Escena XIV	164
Escena XV	164
Escena XVI	165
Escena XVII	169
Escena XVIII	170
Escena XIX	173
Escena XX	174
Escena XXI	175
Escena XXII	176
Escena XXIII	179
Escena XXIV	180
Escena XXV	181
Escena XXVI	182
Escena XXVII	183
Escena XXVIII	184
Escena XXIX	186
Escena XXX	194
Escena última	197
Libros a la carta	**201**

Brevísima presentación

La vida
Duque de Rivas, Ángel Saavedra (Córdoba, 1791-Madrid, 1865). España.
Luchó contra los franceses en la guerra de independencia y más tarde contra el absolutismo de Fernando VII, por lo que tuvo que exiliarse a Malta en 1823. Durante su exilio leyó obras de William Shakespeare, Walter Scott y Lord Byron y se adscribió a la corriente romántica con los poemas El desterrado y El sueño del proscrito (1824), y El faro de Malta (1828).
Regresó a España tras la muerte de Fernando VII heredando títulos y fortuna. Fue, además, embajador en Nápoles y Francia.

Personajes

Ana, criada
Don Alberto, su hermano
Don Blas, rico negociante venido de Lima
Don Juan, amante de doña Paquita
Don Miguel, capitán de caballería, su primo
Don Simeón, viejo usurero
Doña Paquita, hija de doña Rufina
Doña Rufina, su hermana
Dos mandaderos, que no hablan
La escena es en Sevilla, en casa de doña Rufina
Pascual criado
Perico y Faco, mozos que vienen a servir de lacayos
Un ebanista

Acto I

La decoración es inmutable, y representa una sala de una casa particular. Al fondo, una puerta (del cuarto destinado para don Blas); a la izquierda, tres puertas (la primera, que comunica con la anterior de la casa; la segunda, al aposento de don Alberto; la tercera, a los de doña Rufina y doña Paquita); a la derecha, otra puerta (que da al corredor y escalera) y dos balcones que caen a la calle.

Escena I
Ana y Pascual, con capa y sombrero

Ana
¿Te vas ya a lucir el talle
porque salió la señora?...
¿O a la taberna?

Pascual
Habladora;
barra, guise, friegue y calle.
Voy adonde mandó el ama,
que por mi gusto me fuera
a mi cuarto y me tendiera
a descansar en la cama.

Ana
Muy bien te lo creo, sí,
pues sabes solo hacer eso,
mientras cargas todo el peso
de la casa sobre mí.

(Vase Pascual por la derecha.)

Escena II
Ana y Doña Paquita

Doña Paquita
Por Dios te lo ruego, Ana,

	ten de entrambos compasión. Don Juan frente del balcón pasó toda la mañana, y como a todos salir ha visto, en entrar insiste: en ti tan solo consiste; anda, déjale subir.
Ana	¡Qué bobera!
Doña Paquita	Ana, ¡por Dios!, algo que decirme tiene.
Ana	¿Y si la señora viene y os atrapa aquí a los dos?
Doña Paquita	No ha de volver en buen rato, pues fue a andar toda Sevilla, buscando muebles, vajilla, ropa y el gran aparato de recibir a este tío que desde Lima nos viene...
Ana	Pues harto que buscar tiene. De que lo halle desconfío.
Doña Paquita	A don Juan déjame ver, que sus señas dan aviso de que el hablarme es preciso, y no hay nada que temer.
Ana	Y ¿qué os tendrá que decir?
Doña Paquita	Puede ser cosa importante.

Ana	Lo que dice todo amante:
	que está por vos sin dormir,
	que os idolatra y adora,
	que por vos se ha de matar,
	que solo...
Doña Paquita	Déjale entrar,
	y deja chanzas ahora.
	Hazlo por mí.
Ana	Bueno es eso.
Doña Paquita	Muévate mi llanto, Anita.
Ana	¡Válgame Dios, señorita!
	¿Usted ha perdido el seso?
	¿Cómo he de contravenir
	a lo que mandado tiene
	mi señora?... Pero él viene;
	la escalera va a subir.
	Se ha colado de rondón.
Doña Paquita	¿Quién le abrió?
Ana	¿Quién?... ¡Pese a tal!
	El borracho de Pascual,
	que dejó abierto el portón.
Doña Paquita	Toda tiemblo... Él es... ¡Ay Ana!
Ana	¡Qué apuro si la señora...!
Doña Paquita	Se irá al momento; tú ahora

ten cuidado, a esa ventana.

Escena III
Ana, a la ventana; Doña Paquita y Don Juan

Don Juan   ¿Tras de tantas penas,
                 Paquita adorada,
                 al fin logro verte?...
                 Consuela mis ansias.
                 ¿Qué es esto, amor mío,
                 que a los dos nos pasa?

Doña Paquita   ¿Qué podré deciros?
                 Que soy desdichada.

Don Juan   ¿De dónde nacieron
                 desventuras tantas?
                 Cuando en dulce lazo
                 iban nuestras almas
                 a gozar el premio
                 de amores sin tasa,
                 tu tío gozoso,
                 tu madre encantada
                 de ver el cariño
                 que por ti me abrasa;
                 de pronto me encuentro,
                 sin saber la causa,
                 con que me prohíben
                 entrar en tu casa,
                 con que me desdeñan,
                 me insultan, me ultrajan,
                 deshecho el contrato,
                 rota la palabra,
                 muertos los cariños,

	las puertas cerradas. Paquita, ¿qué es esto? ¿Por qué tal mudanza?
Doña Paquita	¿No lo habéis ya visto en aquella carta que ayer pude echaros por esa ventana?
Don Juan	¡Ay Paquita mía! Lo que ella relata confusiones nuevas ha dado a mi alma. No sé qué de Indias en ella me hablas, y de un cierto hermano que tu madre aguarda, y cuya venida...
Doña Paquita	Sí, la sola causa de todas las penas que en nosotros pasan es venir un tío que nadie esperaba.
Don Juan	¿Quién es ese tío de quien ya se habla por toda Sevilla, y con su llegada rompe de tal modo tales esperanzas? De este laberinto, por tu amor, me saca.

Doña Paquita	¿Y tengo yo tiempo
de explicaros nada?
Tiemblo de miraros
dentro de esta casa;
ya el veros ha dado
consuelo a mi alma.
Don Juan	No quiero afligiros.
¿Queréis que me vaya?
Doña Paquita	¡Ay don Juan!
Don Juan	Paquita,
¿qué te sobresalta?
Casi me parece
que te hallo mudada.
Seis días sin vernos,
y solo una carta,
y ésa tan confusa
y tan breve...
Doña Paquita	Y gracias
que escribirla pude.
Soy muy desdichada.
(Se oye ruido.)	
Ana	¡Ay Dios! Señorita,
¿oye usted la danza
que traen allá dentro
los gatos?
Doña Paquita	Ve, Ana;
pero vuelve pronto.

(Vase Ana.)

Escena IV
Los mismos, menos Ana

Doña Paquita   Y usted...

Don Juan   ¿Qué me mandas?

Doña Paquita   Si mi madre viene...

Don Juan   ¡Ah, que tengo el alma
de temores llena!
Mil dudas me asaltan.
¡Paquita! ¡Paquita!
¿Es todo una farsa,
todo fingimiento,
porque ya te cansan
mi amor, mi ternura,
mi fe y mi constancia?...
¡Ay, que las mujeres
todas sois voltarias!
Por piedad, al menos,
pues vine a tu casa,
donde me han traído
mi amor y mi audacia,
las dudas crueles
que atroces desgarran
mi angustiado pecho
por piedad aclara.
Si ya me aborreces,
si mi amor te cansa,
si en otros amores

                            tu pecho se abrasa,
                            no busques en Indias
                            embrollos y tramas.
                            Con franqueza dilo,
                            y verás, ingrata
                            que por complacerte
                            sabré...

Doña Paquita   Basta, basta;
                            al fin eres hombre,
                            y como hombre hablas.
                            De que no merezco
                            tus duras palabras
                            y reconvenciones,
                            pruebas tienes claras.
                            ¡Ay si mis suspiros
                            y llanto escucharas,
                            y advertir supieras
                            lo que aquí, en el alma,
                            por tu amor y ausencia
                            de continuo pasa,
                            no injusto me dieras
                            el nombre de ingrata.
                            Mas ¿por qué me canso,
                            ¡ay desventurada!,
                            en satisfacerte
                            cuando así me ultrajas?...
                            Dices que en las Indias
                            embrollos y tramas
                            busco por perderte.
                            ¡Oh, cuánto te engañas!
                            Contenta mi madre,
                            contenta trataba
                            nuestro casamiento,

cuando, por desgracia,
de un tío que en Lima
hace tiempo estaba,
y a quien no conozco,
recibimos carta,
pintando riquezas
y montes de plata,
con que dice vuelve
riquísimo a España.
Es soltero y viejo,
y enfermo, y...

Don Juan   Bien; calla,
que te entiendo, aleve.

Doña Paquita   ¿Qué entiendes...? Aguarda.
Mi tío, que llega
de hoy a mañana,
de partir sus bienes
con mi madre trata,
quién, desvanecida
con tal esperanza,
desdeña tu boda,
y a boda más alta...

Don Juan   ¡Ay de mí, infelice!

Doña Paquita   No, no; que mi alma
es tuya, y o tuya
o de nadie.

Doña Rufina (Dentro.)   Ana.
¡Pues bueno el descuido está!
¿Quién dejó el portón abierto?

Don Juan (Sorprendido.)
                    ¡Ay!, que nos han descubierto.

Doña Paquita   ¡Ay Dios mío, que es mamá!

Escena V
Doña Paquita, Don Juan y Doña Rufina, de saya y mantilla por la derecha

Doña Rufina (Saliendo.)
                    ¡Jesús, qué escalera tan...!

(Repara en don Juan y en su hija.)

                    Mas ¡lindo cuadro, por Dios!
                    ¿Conque así encuentro a los dos,
                    a la niña y al galán?...
                    Hija, Paquita, ¿qué es esto?
                    La desvergüenza me place.
                    Y en mi casa usted, ¿qué hace?
                    Don Juan, a la calle, y presto.

Don Juan   Yo no sé lo que me pasa.
                    Mi tranquilidad perdida...

Doña Rufina   ¿No le he dicho que en su vida
                    ponga los pies en mi casa?

Don Juan   Pero, señora...

Doña Rufina   Marchad,
                    marchad al punto de aquí.

Doña Paquita   ¡Ay mamá!... ¡Triste de mí!

Doña Rufina	Calla, Paquita.
Don Juan	Escuchad,
Doña Rufina	¿Qué he de escuchar, insolente? Salid de esta casa luego.
Doña Paquita	¡Mamá!... ¡Por piedad os ruego...
Doña Rufina	Salid, pues. Niña, detente.

(Vase don Juan.)

Escena VI
Doña Paquita y Doña Rufina

Doña Paquita	¡Mamá!
Doña Rufina	No hay mamá, Paquita. Este don Juan o don Necio solo merece desprecio, y su pesadez me irrita.

Escena VII
Doña Paquita, Doña Rufina y Ana

Ana	El puchero y los dos platos, que era todo nuestro ajuar, los han echado a rodar los malditísimos gatos.

(Repara en doña Rufina.)
Mas ¡ay!

Doña Rufina	¿Te asustas? ¡Ladina!... No pienses, no, que me engaña la ridícula maraña que has urdido en la cocina. Tuya es la culpa, embrollona.
Ana	Los gatos fueron, señora.
Doña Rufina	No hablo de gatos ahora.
Ana	Pues ¿de qué?
Doña Rufina	¿De qué, bribona? De tu descuido y no más. ¿No te di orden terminante de que entrar a ese tunante no permitieras jamás?
Ana	¿A quién...? Nada sé.
Doña Rufina	¿No sabes?
Ana	Pero ¿por qué es esta riña?
Doña Rufina	Otra vez tendré a la niña debajo de veinte llaves. No fuera malo que yo a un horterilla quisiera por yerno. ¡Bueno estuviera! ¿Quién tal cosa imaginó?
Doña Paquita	Pues, mamá, no hace ocho días que usted lo solicitaba, y solo me aconsejaba

                        que, amable...

Doña Rufina   Bachillerías
son ésas que no permito,
mocosa. ¿Te has olvidado
que la suerte se ha mudado?...
No repliques, que me irrito.
Acaba de convencerte
de que si en don Juan pensé,
para dar remedio fue
a nuestra apurada suerte;
mas ya que viene tu tío
nuestras deudas a pagar,
y la casa a levantar,
casarte mejor confío.

Doña Paquita   Pero ¡si mi abuelo era
un miserable barquero,
y solo de marinero
a Lima fue!...

Doña Rufina   Bachillera,
calla.

(A Ana.)

                Tú, ¿qué haces ahí?
¿Lo que decimos oyendo?
Márchate al punto.

Ana (Aparte.)   Ya entiendo
por lo que me echa de aquí.
Como si toda Sevilla
de esta familia la historia
no supiera de memoria,

más que un niño la cartilla.

(Vase.)

Escena VIII
Doña Paquita y Doña Rufina

Doña Rufina   Y tú...

Doña Paquita   Pues qué, ¿suficiente
no era haberme yo casado
con un mercader honrado
que tiene...?

Doña Rufina   Calla, imprudente.
Tu lengua sea maldita.
¿Quién en recordar te mete
si fue barquero o grumete
mi padre?...

Doña Paquita   ¿Es malo?

Doña Rufina   Paquita,
lo que fue y está olvidado
no se debe recordar.
Y solo hemos de pensar
en lo que en lustre ha ganado
nuestra familia. Casada
he estado con un marqués
de segundas...

Doña Paquita   Solo un mes.

Doña Rufina   Mas de todos soy llamada

	mi señora la marquesa.
Doña Paquita	Y todos también, mamá...
Doña Rufina	Bien; y a mí, ¿qué se me da? Me envidian, y no me pesa. Que me quiten el dictado, y el ser mi hermano un señor comisario ordenador con su uniforme bordado.
Doña Paquita	Lo hizo la Junta central; y lo que en ello gastó ahora lo quisiera yo para no pasarlo mal.
Doña Rufina	Me desesperas. Por cierto, pagas muy bien el afán en que de continuo están don Miguel y don Alberto, grados y honores buscando... y su continua contienda en darnos honor...
Doña Paquita	La hacienda como el humo disipando, y mi tío don Miguel..., ¿por qué no va al regimiento?
Doña Rufina (Con impaciencia.)	Ya no tengo sufrimiento; me está llevando Luzbel. Bestia, incapaz, habladora, ¡qué alma tienes tan vulgar!

                    Nunca he podido lograr
                    que aprendas a ser señora.

Escena IX
Doña Paquita, Doña Rufina y Don Alberto, que vienen de la calle

Don Alberto	Tus voces oye cuanta gente pasa. ¿Con quién tan sofocada estás, Rufina? ¿Siempre ha de haber pendencia en esta casa?
Doña Rufina	¿Con quién la he de tener? Con tu sobrina, que con su necedad y sus amores me aburre, y sin cesar me desatina. Despreciando los títulos y honores por ese mercachifle, dice cosas que hacen salir al rostro los colores.
Don Alberto	¡Cómo ha de ser, hermana! Caprichosas son siempre las muchachas.
Doña Paquita	Solamente yo le decía...
Doña Rufina	¿Replicarme aún osas...? Retrónicas no quiero, impertinente. Vete a tu cuarto.
Doña Paquita	Voy...
Don Alberto	Déjala.
Doña Rufina	Alberto, sufrir no puedo más a esta insolente.

(Vase doña Paquita.)

Escena X
Doña Rufina y Don Alberto
Doña Rufina se quita la mantilla y la pone sobre una silla

Don Alberto   Sosiégate, hermana, pues.

Doña Rufina   Y bien: ¿qué has adelantado?

Don Alberto   Eso iba yo a preguntarte;
                   porque yo, poco.

Doña Rufina   Yo, algo.
                   A fuerza de ofrecimientos,
                   de labia, ruegos y halagos,
                   corriendo toda Sevilla,
                   la carta de nuestro hermano
                   de puerta en puerta leyendo,
                   y sobre ella ponderando,
                   conseguí del ebanista
                   que vive en calle de Francos
                   una cómoda, un sofá,
                   una mesa y lavamanos,
                   con que pondremos decente
                   al menos de Blas el cuarto.
                   También de aquella prendera,
                   fina como el mismo diablo,
                   que tiene en el Arenal
                   su prendería, he logrado
                   seis sábanas, dos colchones,
                   tres cortinas y un armario.
                   Pero, ¡ay Alberto! ¡Qué gente!
                   Y se llamarán cristianos!

Don Alberto	Pues ¿qué hicieron?
Doña Rufina	¿Qué han de hacer? Pícaros, desconfiados, de mi título y tu empleo burlarse los plebeyazos, y de la carta de Blas hacer solamente caso.
Don Alberto	Una carta de las Indias hace, Rufina, milagros.
Doña Rufina	¡Ah, que ya se me olvidaba! El repostero italiano, el que gobierna la casa del marqués de Castilblanco, también alquilar ofrece dos fuentes y cuatro platos de plata, con sus cubiertas, mantel, servilletas, vasos... Finalmente, todo aquello que parezca necesario para los primeros días.
Don Alberto	Pues entonces bien estamos, y salimos del apuro.
Doña Rufina	Sí, salimos; pero el caso es que todos me pedían el dinero adelantado, y solo a fuerza de fuerzas a la fin se conformaron a dar los dichos efectos

	con tal de que nuestro hermano,
	en cuanto llegue a Sevilla,
	dé la cara a todo.
Don Alberto	Al cabo
	eso, Rufina, no importa,
	porque, a lo menos, logramos
	que Blas el primer momento
	nos encuentre en cierto estado
	de decencia.
Doña Rufina	Mas si al punto
	de su llegada a asaltarlo
	comienzan los acreedores...
Don Alberto	No faltará de engañarlos
	nuevo medio, y detenerlos
	un par de días acaso
	no será difícil.
Doña Rufina	Es
	hasta pescar necesario
	que no vengan a molerle.
Don Alberto	Pues eso digo...
Doña Rufina	Y tú, hermano,
	¿has hecho también negocio?
Don Alberto	Nada, Rufina.
Doña Rufina	Es bien raro.
Don Alberto	Encontré los dos gallegos

                            que servirán de lacayos,
                            y a las tres han de venir,
                            pero pienso será en vano,
                            porque aquellas dos libreas
                            que en tu boda se estrenaron
                            no las suelta el carbonero,
                            aunque le muelan a palos,
                            porque dice que no afloja
                            la prenda hasta estar pagado.

Doña Rufina   ¡Qué gentuza tan infame!
                            Si son unos ladronazos.

Don Alberto   El bribón del montañés,
                            que tiene hace más de un año
                            empeñado el uniforme,
                            tampoco quiere soltarlo,
                            y ves la falta que hace
                            para recibir...

Doña Rufina   Es claro.

Don Alberto   La demanda por la renta
                            de la casa no he logrado
                            suspender, por más que hice,
                            y va con Blas a afrentarnos
                            si llega la ejecución,
                            como temo...

Doña Rufina   Será un chasco,
                            pero el primo don Miguel...

Don Alberto   Está el pobre sin un cuarto.
                            Desde que a Sevilla vino

	ese griego endemoniado,
	ese clérigo extremeño,
	aquél que los cerdos trajo,
	que sabe más que Briján
	y que es un tahúr...

Doña Rufina   No hablo
de lo que en el juego gane,
sino de que le he encargado
que nos busque algún dinero,
aunque sea con quebranto,
pues siempre los jugadores
hallan quien les preste.

Don Alberto   Cuando
tallan o están en fortuna;
pero a los cucos...

Doña Rufina   Veamos
si tienen sus diligencias
favorable resultado,
pues lo que nos interesa,
como tú sabes, hermano,
es que Blas no nos encuentre
viviendo como gitanos,
como perdidos.

Don Alberto   Seguro.

Doña Rufina   Como que es, Alberto, claro.
Esa generosidad
de querer sus bienes darnos,
no es cariño. ¿Qué cariño
después de treinta y dos años?

                        Es que mi título, sea
                        o postizo o bueno o malo,
                        al fin suena, y que tu empleo,
                        aunque no es más que honorario,
                        tiene un vistoso uniforme,
                        y su señoría al canto,
                        y que es mucho gusto ver
                        el nombre de uno estampado
                        en la guía de forasteros.

Don Alberto   Pero con decencia y fausto
                        estos títulos y honores
                        ayudar es necesario...

Doña Rufina   Aunque sea haciendo trampas,
                        que si no dirá...

(Suena la campanilla del portón.)

Don Alberto   ¿Llamaron?

Doña Rufina   Sí; serán las mandaderos
                        con los muebles y los trastos.

Don Alberto   O los gallegos serán
                        que han de servir de lacayos.
                        No; que es Miguel, nuestro primo.

Doña Rufina   ¿Si habrá cumplido su encargo?

Escena XI
Doña Rufina, Don Alberto y Don Miguel

Don Miguel (Tira el sombrero sobre una silla y se sienta en otra con despecho.)

                    Maldita mi suerte, ¡amén!,
                    y ese clérigo extremeño
                    más negro que una sartén,
                    y de ganarle también
                    maldito sea mi empeño.

Don Alberto   ¿Qué ha ocurrido?

Doña Rufina   Primo, di.

Don Miguel   Que la mejor ocasión
                    de hacer un gran fortunón
                    esta mañana perdí
                    por ese griego bribón.

Doña Rufina y
Don Alberto   ¿Cómo?

Don Miguel   Ya os lo contaré.
(Se levanta de la silla.)
                    Fuime temprano a almorzar
                    con el marqués del Molar,
                    y por fortuna le hallé
                    al punto de despertar.
                    Mientras salió de la cama
                    le alabé de gran torero,
                    diciéndole que el Romero
                    jamás adquirió la fama
                    que él tiene en el matadero.
                    Después le hablé de Juanilla,
                    la gitana que mantiene,
                    y de que un cantador viene

de Sanlúcar a Sevilla
que en el polo igual no tiene.
Después toqué la guitarra...
Finalmente, le cogí
diez duros, y desde allí
a casa de nuestro Parra
a buscar fortuna fui.
La banca de cabecera
aun no había comenzado.
Puse el burlote, fiado
en lo que el diablo quisiera,
y no fui muy desgraciado,
pues veinte onzas mis diez duros
eran ya, con que creía
que iba a lograr en el día
dar fin a nuestros apuros;
¡tan buena suerte tenía!
Cuando el extremeño entró
y detrás de mí se puso.
Manolito me advirtió
que lo dejara. Confuso
su consejo me dejó.
Pero una corazonada
de que le había de matar
y el deseo de dejar
mi pérdida desquitada,
hiciéronme continuar.
Solo dos tallas tiré.
¡Jamás hubiera tirado!
pues sin blanca y desbancado,
queridos primos, quedé.
¡Mirad si soy desgraciado!

Doña Rufina   No lo hiciera peor, Miguel,

                              un niño de la doctrina.
                              ¿Y lo que sabes?

Don Miguel   Rufina,
                              nada aprovecha con él.
                              Tiene la vista muy fina.

Doña Rufina   Y, entre tanto, nada has hecho
                              de aquel tan urgente encargo.

Don Miguel   Si tal, prima; sin embargo,
                              de mi rabia y mi despecho
                              por bocado tan amargo,
                              fui a buscar un usurero
                              llamado don Simeón,
                              tan hipócrita embustero
                              como taimado ladrón,
                              pero que presta dinero.

Doña Rufina   ¿Y sacaste algo por fin?

Don Miguel   A fuerza de batallar,
                              de mentir y de jurar,
                              logré al mísero ruin
                              algún poquito ablandar.
                              Pero a pesar de la sarta
                              de mis ofertas, no quiso
                              dar nada, y quedó indeciso
                              hasta ver de Blas la carta,
                              y enseñársela es preciso.
                              ¡Gran virtud la carta tiene!

Doña Rufina   Y si es tan desconfiado,
                              ¿por qué a casa el renegado

	a ver la carta no viene?
Don Miguel	Ya venía a toda prisa
el cara de basilisco,
y al pasar por San Francisco
oyendo tocar a misa
entró, y con facha muy grave
me dijo: «Pues que ya sé
la casa y la calle, iré
en cuanto la misa acabe.»
Don Alberto	Extraña es su devoción.
Don Miguel	Su conciencia es más extraña.
pues no se halla en toda España
más desalmado ladrón.
Doña Rufina	Dime: ¿por qué cantidad
le hablaste?
Don Miguel	Por cien doblones.
Doña Rufina	Es poco.
Don Alberto	¿Qué te propones?
Doña Rufina	Hay mucha necesidad.
Don Miguel	Mas ¿cuál es tu pensamiento?
Pues con franqueza, Rufina,
mi imaginación no atina
con la razón de tu intento.
Doña Rufina	Que quiero que Blas nos halle

	viviendo cual caballeros,
	no hechos unos pordioseros,
	como quien dice, en la calle.

Don Miguel   Pues yo tengo otra opinión,
             y juzgo que mejor fuera
             que en la indigencia nos viera
             para que la compasión...

Doña Rufina ¡Qué mal conoces, Miguel,
             a estos hombres de fortuna!...
             Con pobreza cosa alguna
             sacar lograremos de él.
             Nuestros títulos y honores
             le mueven tan solamente,
             y el encontrar a su gente
             en la clase de señores.
             Además, sabes también
             que tres veces ha enviado
             dinero, y que confiado
             está en que se gastó bien.
             La primera vez mandó
             seis mil y tantos doblones,
             que en pretender y en funciones
             mi hermano Alberto gastó.
             Envió poco después
             diez mil pesos, que el demonio
             se llevó en mi matrimonio
             con mi difunto marqués;
             y ha tres años recibimos
             ocho mil, cuya mitad
             se gastó en la necedad
             de aquel pleito que perdimos,
             y los demás para el juego,

                    cual sabéis, se destinaron;
                    y a la verdad que volaron
                    más pronto que árbol de fuego.
                    Así se ha hecho paz y guerra
                    de lo que Blas enviaba,
                    aunque tanto aconsejaba
                    que lo empleásemos en tierra,
                    y es preciso no olvidar
                    que siempre, por no escamarle
                    ni la voluntad quitarle
                    por si más quería mandar,
                    le escribimos que en dehesas,
                    que en casas y en olivares,
                    cortijos, huerta, lagares
                    se empleaban sus remesas.
                    Y si ahora en resolución
                    nos encuentra cual nos vemos,
                    mucho que temer tenemos
                    el que cambie de intención.
                    El no piensa remediarnos;
                    fomentamos, sí, y si ve
                    nuestro estado, con el pie
                    nos dará para ayudarnos.

Don Alberto   Rufina, tienes razón.

Doña Rufina   ¿Cómo si tengo?

Don Miguel   Veamos
                    si con la carta ablandamos
                    al señor don Simeón.

Don Alberto (A doña Rufina.)
                    Dime: y ¿adónde fue Pascual?

Doña Rufina	Al correo le he mandado, pero como es tan pesado el grandísimo animal, tardará un siglo.
Don Alberto	Yo creo que ya llegó a Cádiz Blas y que tenemos verás carta suya este correo.
Don Alberto	Sin duda.
Don Miguel	Pues si otra carta satisfactoria viniera, don Simeón se pusiera con orejas de una cuarta.
Don Alberto	Fuera muy bueno.
Don Miguel	Si no, para el negocio acabar y el hígado hacerle dar otro expediente sé yo.
Doña Rufina	Dilo, y al punto se hará.
Don Miguel	Darle de tu hija las perlas, pues yo aseguro que al verlas tantos ojos abrirá.
Don Alberto	¿Qué perlas?
Don Miguel	Aquella sarta

| | tan gorda, luciente y fina
que Blas envió a su sobrina
con quien nos trajo la carta. |

Doña Rufina   Un inconveniente tiene.

Don Miguel   ¿Y es?

Doña Rufina   Que como Blas la envía
para que la niña el día
de su llegada la estrene,
si a notar la falta acierta...

Don Alberto   De las perlas no hay que hablar.

(Se oyen golpes de llamar al portón.)

Doña Rufina   ¿Esos golpes son llamar...?

Don Miguel   Llamar son.

Doña Rufina   Ana, la puerta.

Don Miguel   ¿Si será don Simeón?

Doña Rufina (Con impaciencia.)
             Ana..., ¡qué llaman! Paquita,
             Ana... ¡Jesús, qué maldita!

Escena XII
Los mismos y Ana y Doña Paquita, que entran de prisa

Doña Paquita   ¿Mamá?

Ana   ¡Señora!

Doña Rufina   El portón.

(Vase Ana.)

Escena XIII
Los mismos, menos Ana

Doña Paquita   ¿Qué me quiere usted, mamá?

Doña Rufina   Nada... Como cuando grito
                    en vano me desgañito,
                    te llamé...

Escena XVI
Los mismos y Ana

Ana   A la puerta está
                    un hombre del otro siglo,
                    un duende del purgatorio.

Doña Rufina (Con enfado.)
                    ¿Quién dices?

Ana   Un vejestorio,
                    o mejor diré, un vestiglo.

Doña Rufina   Sin duda será, Miguel,
                    aquel que esperamos.

Don Miguel   Sí;
                    echa a estas niñas de aquí,
                    que yo subiré con él.

(Vase don Miguel.)

Escena XV
Los mismos, menos Don Miguel

Doña Rufina	Vete a tu cuarto, Paquita,
(A Ana.)	y tú también.

Ana (A Doña Paquita.)
>Que me place.
>¡No sabe usted qué bien hace
>en echarnos, señorita!
>Porque a las dos nos liberta
>de un soponcio con no ver
>a ese viejo Lucifer
>de quien voy de miedo muerta.

Doña Rufina (Con rabia.)
>¿Qué demonio murmuráis?

Ana
>Dábamos gracias a Dios
>de que...

Doña Rufina
>¡Buenas sois las dos!...
>Marchad, marchad, que estorbáis.

(Vanse las dos.)

Escena XVI
Doña Rufina, Don Alberto, Don Miguel y Don Simeón, vejete ridículo, vestido de negro con peluquín

Don Miguel (Con gran prosopopeya.)

>   Marquesa prima, don Alberto primo,
>   aquí el sujeto está que tanto estimo,
>   don Simeón de Algarrapacoechea.

Don Simeón   Y quien a usías complacer desea.

Doña Rufina   Señor don Simeón, muy buenos días.
                    Somos sus servidores.

Don Simeón   Dios a usías
                    de salud colme y bienes infinitos.

Doña Rufina   Alberto, acerca sillas.

Don Simeón (Aparte.)   ¡Qué chorlitos!
                    A estafa huele cuanto miro. ¡Fuego!

(Acerca don Alberto una silla.)

Don Alberto   Sentaos y descansad.

Doña Rufina   Sentaos, os ruego.

Don Simeón   Con permiso, que he estado de rodillas
                    por un buen rato.

Doña Rufina (A don Miguel.)
                    Acerca otras dos sillas.

(Al sentarse don Simeón se rompe la silla y cae de espaldas.)

Don Simeón (Al caer.)
                    ¡Ay!, Dios me valga y San Antón bendito.

Don Alberto   ¡Jesús! ¿Qué fue?

Don Miguel   Mas ¿cómo...?

Doña Rufina (Con gran sobresalto.)
                                    ¡Pobrecito!

Don Alberto   ¡Qué desgracia!

Don Simeón (En el suelo.)
                         ¡Ay de mí!
                         ¡Fatal porrazo!
          Dios me saque con bien el espinazo.

Don Miguel (Ayudando a levantar a don Simeón.)
          Alzad, que yo os sostengo. No fue nada.

Don Simeón (Levantándose.)
          Una costilla he de tener quebrada.

Doña Rufina   ¡Terrible susto!

Don Simeón (Mirando a la silla.)
                    Sillas tan malditas
          son unas trampas de matar visitas.

Don Alberto   Gracias a Dios, señor, que nada ha sido.

Don Simeón   Es malísimo agüero.

Doña Rufina   ¡Qué encogido
          que tengo el corazón!... Ana, muchacha;
          agua al momento... Tráemela; despacha.

Don Simeón (Registrándose todo el cuerpo.)
      Un sueño me parece el estar sano.
      Pensé parar...

Don Miguel   En el infierno; es llano.
      ¡Un hombre como usted...!

Don Alberto   Pudiera...

Doña Rufina   Ana,
      ¿el agua no traerás hasta mañana?
      ¡Jesús qué pesadez!... ¡Niñas!

Don Alberto   Ya vienen.

Doña Rufina   Sangre de plomo las malvadas tienen.

Escena XVII

Los mismos y Doña Paquita

Doña Paquita (Asustada.)
      ¡Qué voces! ¡Ay mamá!... ¿Qué ha sucedido?

Doña Rufina   Que este buen caballero se ha caído.

Don Simeón (Aparte, mirando a doña Paquita.)
      ¡Linda muchacha!

Doña Rufina   Porque el vil criado
      dejó una silla rota en el estrado,
      y por desgracia fue la que...

Escena XVIII

Los mismos y Ana, que saca un vaso de agua en la mano

Ana   Señora,
                 aquí está el agua.

Doña Rufina   ¡Tráesla a buena hora!
(Repara en que trae Ana el vaso sin plato.)
                 Pero ¿qué es esto?... Pícara, bribona...

Don Simeón (Reparando en Ana.)
                 ¡Pues no es menos bonita la fregona!

Doña Rufina (A Ana.)
                 ¿Por qué no traes de plata la salvilla?

Ana (Burlándose.)
                 ¿Cuál?

Doña Rufina   La de plata.

Ana   ¿Cuál...? ¡Viva Sevilla!

Doña Rufina   Señor don Simeón, perdón le pido.
                 Bebed en este vaso, pues ha sido
                 que con la priesa y voces, asustada,
                 olvidó la salvilla la criada.

Don Simeón   Mil gracias, mi señora la marquesa.
                 Ya el susto se ha pasado.

Doña Rufina   No me pesa.
                 Pero yo he de beber...
(Bebe)
                             A Dios, las gracias
                 de que así se salió,

	que las desgracias
	suceden sin saber cómo ni cuándo.

(Da el vaso a Ana, y a ella y a Paquita dice aparte):
          Idos, mas sin quedaros escuchando,
          cual tenéis de costumbre.

Ana	¡Buen aviso!
	¿Le gusta a usté el vejete?...

(Aparte, a Paquita..)

Doña Paquita	Es un Narciso.
Ana	¡Qué facha! ¡Qué peluca!
Doña Paquita	Es buena pieza.
Ana	Siento que no se ha roto la cabeza.

(Vanse.)

Escena XIX
Doña Rufina, Don Alberto, Don Miguel y Don Simeón

Doña Rufina	En otra silla, señor...
Don Simeón	Perdón, señora marquesa,
	que no volveré a sentarme
	en otra silla.
Doña Rufina	Está buena
	la que os ofrezco.
Don Simeón	Señora,

                la que dio conmigo en tierra
                que estaba rota ignoraba
                su señoría, y pudiera
                ignorar también que está
                rota la que me presenta,
                y si del golpe primero
                saqué la persona entera,
                puedo sacar del segundo
                roto un brazo o una pierna.
                Por tanto, en pie me resuelvo
                la visita hacer, y fuera
                bueno que no fuese larga,
                no se hunda el suelo o se venga
                alguna viga del techo
                a aplastarme la cabeza,
                porque esto de las desgracias
                es un plato de cerezas.

Don Alberto   No; que os habéis de sentar
                para enteraros.

Don Simeón   ¿No es buena?
                ¡Si he dicho que no me siento!
                En pie escucho.

Doña Rufina   Bien; pues sea.
                Ya el capitán, nuestro primo,
                le habrá informado...

Don Simeón   En urgencia
                me han dicho que están usías.

Doña Rufina   Como están cuantos de rentas
                y de mayorazgos viven,

	porque con tantas revueltas,
	invasiones y mudanzas,
	cambios de Gobierno y guerras,
	ni pagan nuestros renteros
	ni se pueden tomar cuentas
	a los administradores,
	ni los productos nos llegan
	de nuestros estados, ni...
Don Simeón	Tiempo ha, señora marquesa,
	que los que piden dinero
	tales trabajos alegan;
	pero es lo malo, señora,
	que en el mundo una peseta...,
	¿qué digo?, un solo real,
	ni un maravedí se encuentra.
Doña Rufina	Que recurran es forzoso
	las gentes de nuestra esfera
	a honrados capitalistas...
Don Simeón	Que son necios y se dejan...
Doña Rufina	Que son personas de bien
	y de apuros...
Don Simeón	Pero es fuerza
	dar muchas seguridades
	a los que su sangre sueltan.
Don Miguel	Sin duda.
Don Simeón	Pero los bienes
	vinculados no aprovechan

	para ofrecer garantía
cuando el dinero se presta.
Doña Rufina	Lo mismo iba yo a decir.
Don Simeón	Pues entonces...
Don Alberto	Pronto llega
un nuestro hermano que viene
de Lima, y cuyas riquezas
son tan grandes...
Don Simeón	Tal me ha dicho,
si es que mal no se me acuerda,
vuestro primo el capitán.
Don Miguel	Pues éste es el caso.
Doña Rufina	Llega
de un momento a otro mi hermano,
cuyo caudal en moneda
sube a trescientos mil duros.
Don Simeón	¡Hola!
Doña Rufina	Y tiene alma tan buena
que todo entre su familia
repartirlo al punto piensa.
Don Simeón
(A parte.)	¿Conque trescientos mil duros...?
Si es verdad, ganancia hay cierta.
Doña Rufina	Y recibirle a lo menos
como se merece es fuerza,

		para lo cual necesito...
Don Simeón		¿Y hay documento que pueda acreditar su venida y que con tal rumbo piensa?
Doña Rufina		Sí, señor; tenemos carta...
Don Simeón		¿La tenéis a mano?

Doña Rufina (Saca una carta del pecho.)
                                Es ésta.
(Da la carta a don Alberto.)
                Aquí la tienes, Alberto;
                torna la carta y leerla
                puedes a don Simeón
                desde la cruz a la fecha.

Don Alberto (Toma la carta, y con gran precipitación lee):
                «Puerto del Fayal, 24 de febrero de 1825.-Queridos hermanos míos: Los trastornos ocurridos últimamente en Lima me han obligado a dejar aquella tierra, y habiendo capitalizado todos mis bienes...»

Don Simeón (Con enfado.)
                ¿Es tarabilla, señor...?
                No he entendido ni una letra.
                Más despacio,

Don Alberto   ¿Pues no basta?

Don Simeón   No, señor, ¡pese a mi abuela!
                Dádmela; yo la leeré.
                No es cosa de juego ésta.

Doña Rufina   Dásela a don Simeón.

Don Alberto   Con mucho gusto...

Don Simeón   Pues venga

Don Alberto (Dándole la carta.)
                     Con mucho gusto.

Don Simeón   Pues sea.
(Toma la carta, vase a un lado de la escena, se pone unos anteojos, reconoce el papel y lee con mucha pausa):

          «Puerto del Fayal, 24 de febrero de 1825.-Queridos hermanos míos: Los trastornos ocurridos últimamente en Lima me han obligado a dejar aquella tierra, y habiendo capitalizado todos mis bienes adquiridos en tantos años de trabajos y desvelos, y reunidos en todo más de trescientos mil duros, me embarqué con ellos hace tres meses para Cádiz en la fragata la Corza. Hasta ahora he tenido, gracias a Dios, feliz navegación; solo a la vista de estas Islas Terceras una racha de viento me rompió un palo, lo que nos ha obligado a arribar a este puerto hace una semana para remediar la avería. Por esta ocurrencia no tengo ya el placer de estar con vosotros; y aunque pensaba sorprenderos agradablemente, sabiendo ahora que el canónigo de la santa iglesia de Lima, don Sebastián Fabián de Tornacuero, mi compañero de viaje y particular amigo, marcha a España para, pasando por Sevilla y Madrid, ir a Roma a asuntos de su cabildo, le encargo de esta carta, pues no puedo resistir más tiempo al gusto de escribiros y avisaros mi llegada a estas Islas Terceras y lo pronto que tendré el gusto de abrazaros. Me encuentro viejo y soltero, y para vosotros es el fruto de mis afanes, pues cuanto tengo lo repartiré con vosotros a mi llegada, reservándome una pequeña cantidad con que acabar mis días tranquilamente en el campo. Y es tan segura ésta mi resolución, que, por si algo me ocurriese en tan dilatado viaje, he dejado hecho allá mi testamento, y aquí traigo copia, que os asegurará de mi determinación, y que no la hará inútil en cualquier evento. Dentro de seis u ocho días daré otra vez la vela; conque esperadme de un momento a otro, pues en Cádiz me detendré solo lo preciso para el desembarque de mi equipaje y de vuestro dinero. El dador lleva una sarta de hermosísimas perlas y pendientes para que mi sobrina (a quien deseo mucho conocer) lo estrene el día de mi llegada.

«Adiós, queridos hermanos. No descansa hasta verse en vuestros brazos, vuestro Blas Mingorría.

«A mis amados hermanos doña Rufina, marquesa viuda de Calasparra, y don Alberto, comisario ordenador.»

(Acaba de leer la carta, y dice entre sí):
¡Por las ánimas que es
la carta cosa excelente,
y que va a hallarse esta gente
dentro del Cielo de pies!
Se ofrece gran interés
en prestarles, pues es llano
que, aunque les cargue la mano,
ellos, por salir de apuro,
soltarán diez por un duro
a costa del necio indiano.

(Vuelve a mirar la carta, y lee):

«Veinte y cuatro de febrero... Trescientos mil pesos... Pues cuanto tengo lo repartiré con vosotros a mi llegada... Hecho testamento... Sarta de hermosísimas perlas...» ¡Hermosísimas perlas!

(Queda suspenso.)

Don Alberto (Aparte, a doña Rufina y don Miguel.)
¡Digo si la carta vale!

Doña Rufina   Mirad cómo se recrea.

Don Miguel   La codicia lo espolea
                   y el gozo al rostro le sale.

Don Simeón (Como hablando entre sí.)
                   Mas vamos con pie de plomo,
                   que al fin esto es una carta.
                   Diera algo sobre la sarta
                   de perlas, que prendas tomo;
                   mas sobre este papel, ¿cómo
                   doy ni un polvo de tabaco?...
                   No, que el mundo es muy bellaco;
                   no cuantos ofrecen dan;
                   y, como dice el refrán,
                   la codicia rompe el saco.

Doña Rufina   Pues, señor don Simeón,
                   la carta, ¿qué le parece?

Don Alberto   Seguridades ofrece
                   aun para más de un millón.

Don Simeón (Devolviendo la carta a don Alberto.)

(Con viveza.)	De tener tan buen hermano doy la enhorabuena a usías. No se halla todos los días sujeto tan buen cristiano, y tan generoso, y tan...

¿Conque ya contar podernos...? |
Don Simeón	Aún mucho que hablar tenemos. ¿Dónde las prendas están?
Doña Rufina	La carta es sobrada prenda, pues por dos días o tres tan solo el préstamo es, y de mi hermano la hacienda garantiza...
Don Simeón	Aún está lejos; hay muchas leguas de mar, y el echarse a navegar no es ir a cazar conejos.
Don Alberto	Mas no es de temer...
Don Simeón	Señores, al que su dinero afloja, cualquier sombra le acongoja, todo es sustos y temores. Si esas tan hermosas perlas que envió el señor don Blas se me entregaran, quizás... Y aun antes reconocerlas conviene.

Doña Rufina	Don Simeón, ¿un hombre de su buen seso se arroja a pretender eso...?
Don Simeón	¿No está muy puesto en razón?
Don Alberto	¿No advierte usted que previene nuestro hermano en esta carta que la niña la tal sarta para recibirle estrene?
Don Miguel	¿Qué dijera si empeñada la encontrase?
Doña Rufina	Lo tendría por un desaire y sería...
Don Simeón	Pues si no hay prenda no hay nada. Mas de plata una salvilla hace poco que oí nombrar...
Doña Rufina	¿Y hemos de descabalar, don Simeón, la vajilla?
Don Simeón	¿Descabalar?... ¡Buena es ésa!, Toda la he de recibir.
Doña Rufina	¿Y con qué hemos de servir a nuestro hermano la mesa?
Don Simeón	Pues si no hay prenda...

Escena XX
Los mismos y Pascual

Don Alberto	¡Oh Pascual!
Pascual	¡Maldito el correo, amén, y maldito sea quien atraviesa aquel portal!... Que con tantos empujones vengo medio sofocado...
Doña Rufina	¿Y nos traes cartas, pesado?
Pascual	¡Qué confusión! ¡Qué encontrones! Se me descalzó un zapato, me han desgarrado la capa, y por poco no me atrapa un pillo el reló... ¡Qué rato!
Don Alberto	¿Hay carta?
Pascual	No hay quien resista, ni hay paciencia de aguantar y en tal bullicio esperar hasta que ponen la lista.
Doña Rufina	¿Traes cartas?
Pascual	El carro llega y allá se entra el conductor con el administrador, y las valijas le entrega. Ciérrase la ventanilla, acude gente y más gente, primero del asistente...

Don Miguel   ¿Hay mayor plomo en Sevilla?

Doña Rufina (Con gran impaciencia.)
                  ¿Y las cartas?

Pascual   Como digo,
                  al asistente primero,
                  a la Audiencia...

Don Alberto   ¡Majadero!

Don Simeón   Pachorra gasta el amigo.

Pascual   Después al gobernador,
                  y después el apartado,
                  y el público fastidiado...

Don Alberto   Pero ¿hay cartas, hablador?

Pascual   La lista, por fin, parece,
                  y en cuanto le cuelgan, todos
                  se abalanzan de mil modos,
                  y el que atrás queda perece.
                  Yo, como no sé leer,
                  tengo que buscar alguno
                  que me lea uno por uno
                  los nombres, ¡cómo ha de ser!
                  Abren después la ventana;
                  mas los números estar
                  suelen trocados.

Don Simeón   De hablar
                  no deja en una semana.

Doña Rufina ¿Y las cartas...? Di.

Pascual A eso voy. No soy costal.

Doña Rufina (Furiosa.)
　　　　　　　　Pero ¿hay cartas, animal...?
　　　　　　　　Pero ¿hay cartas?

Pascual 　　　　　　　　　　Creo que sí.
　　　　　Una...
(Se registra los bolsillos de la chaqueta.)
　　　　　　　　　　　En esta faltriquera...
　　　　　No; en estotra la guardé.

Don Alberto ¿La habrás perdido?

Pascual 　　　　　　　　　No sé.

Doña Rufina ¡Gran bribón!

Pascual 　　　　　　　Tengan espera.

Doña Rufina (Arrojándose a Pascual.)
　　　　　　　Dámela al punto; si no...

Pascual (Saca la carta.)
　　　　　Tomad.

Doña Rufina (Abre la carta y la mira.)
　　　　　　　　　¡Ay! De nuestro hermano.

Don Simeón (Aparte.)
　　　　　¿Si habrá llegado el indiano?

Doña Rufina ¡Gracias a Dios, ya llegó!

Don Alberto ¿La fecha es de Cádiz?

Doña Rufina (Sigue leyendo para sí.)
                    Sí.

Don Miguel ¿Llegó en salvo?

Doña Rufina   Bueno está,
y aquí hoy mismo llegará.

Don Alberto Léase en alto.

Doña Rufina   Dice así:
(Lee.)

«Amados hermanos míos: Anteayer llegué bueno, gracias a Dios, a este puerto de Cádiz, y no puedo dejar de avisároslo, porque conozco el cuidado con que estaréis, aunque tal vez antes que esta carta, o al mismo tiempo, llegaré yo a esa ciudad, pues no descanso hasta veros y abrazaros. Vuestro tierno hermano, Blas, etcétera.»

Don Alberto (Con gran júbilo.)
   Somos felices, Miguel.
   Se acabaron los apuros.

Don Simeón Y los trescientos mil duros,
¿habrán llegado con él?

Don Miguel ¿Quién lo duda?

Doña Rufina   Me parece

que el señor don Simeón
conocerá que es razón
recibirle cual merece.
Y que de esta carta en vista
no tendrá dificultad
en darnos la cantidad...

Don Simeón   La carta..., a ver.
(Le dan la carta, y dice aparte):
                            ¡Dios me asista!
(Lee para sí, y después, hablando entre sí, dice):
En fin, me voy a arrojar,
aunque no es mucha cordura;
pero quien no se aventura,
dicen que no pasa el mar.
Los seis mil... Es mucho dar.
Tres mil solo darles puedo,
pues que me ha quitado el miedo
ver que el indiano está vivo;
y como yo haré el recibo,
sabré bien atar mi dedo.
(Devuelve la carta a doña Rufina.)
Veo la necesidad,
y por complacer a usías,
podré por dos o tres días
dar alguna cantidad.

Doña Rufina   Con cien doblones, bastante.

Don Simeón   ¡Cien doblones! ¡Oh!...

Doña Rufina   De modo...

Don Simeón   Si se exprime el mundo todo,

	no da suma semejante.
(Señalando al bolsillo.)	
	Aquí hay cincuenta doblones
	que no son míos...
Don Miguel	¿De quién?
Don Simeón	De un hombre honrado y de bien
	que me sirve en ocasiones;
	mas no de balde, en verdad.
Don Alberto	Tres mil reales son tan poco...
Don Simeón	Señor..., ¿está usía loco?
	Son muy noble cantidad.
	Si acomoda, la daré,
	que no me es posible más.
Doña Rufina	Venga, aunque es poco. Quizás...
Don Simeón	Antes el recibo haré.

Don Alberto (Llevando a don Simeón a una mesa.)
                Aquí hay papel y tintero.

Don Simeón (Reconociendo la silla que está inmediata.)
                ¿Y esta silla?

Don Miguel	No hay temor.

Don Simeón (Se sienta, y al tomar la pluma, exclama):
                ¡Cristo del mayor dolor,
              recomiéndoos mi dinero.

(Se pone a escribir.)

Doña Rufina ¡Qué vejete tan ruin!

Don Miguel ¡Y lo que sabe!

Don Alberto Es gran trucha.

Don Miguel Sea su ciencia poca o mucha,
dinero aflojó por fin.
Mas callad, no entienda...

Doña Rufina (Alto.) Estamos
con tanta flema y quizás
ya estará en Sevilla Blas.
¿Qué providencias tomamos?...

Don Miguel Hoy el barco de vapor
debe llegar a las tres,
y que en él se venga es
muy factible.

Don Alberto No, señor.
Vendrá en posta.

Doña Rufina Yo imagino
que en un coche, y que cargados
dos carros traerá, y soldados
de escolta para el camino.

Don Alberto No, que vendrá a la ligera,
dejándose en Cádiz todo.

Doña Rufina	Venga de uno o de otro modo, por instantes se le espera, y hay mucho que prevenir.
Don Alberto	¿Qué hora es?...
Pascual	Las once han dado.
Doña Rufina	Lo que yo tengo buscado ya no tardará en venir. Tú, Pascual, vete a esperar la llegada del vapor, y si viene allí el señor...
Pascual	No se me ha de despintar, y aunque ha tanto tiempo que no lo veo...
Doña Rufina	Pues bien; ve, y cuidado.
Pascual	No hay que hablar.
Don Alberto (A Pascual.)	Dime: ¿y alguien se hallará que a la puerta de Carmona vaya?
Pascual	Buscaré persona que de ellose encargará.
Don Alberto	Sí, porque si en posta viene...
Pascual	Pues voyme a ver...

Doña Rufina   Bien. Cuidado,
              que no me seas pesado.

Pascual   Nada que decirme tiene.

(Empieza a irse.)

Doña Rufina   Que la charla sempiterna
                no te haga el tiempo perder.

Pascual (Yéndose.)
                ¿Pues soy yo, acaso, mujer?

Doña Rufina   No te entres en la taberna.

Escena XXI
Los mismos, menos Pascual

Don Simeón (Levantándose de la mesa con el recibo.)
                Pues, señores, el recibo
                extendí como conviene.
                Entérense de él usías,
                y después firmarlo pueden.

Don Alberto (Toma el recibo y lee):
                «Jesús, María y José. Los que abajo firmamos hemos recibido de don Simeón Algarrapacoechea y Bajols la cantidad de seis mil reales de vellón que nos ha prestado por hacernos merced, y la cual le devolveremos en metálico sonante, con exclusión de todo papel, en el momento que la reclame presentándonos éste nuestro recibo, a cuyo pago comprometemos todos nuestros bienes muebles e inmuebles habidos

y por haber, siendo este documento suficiente para, en su vista, proceder judicialmente a apremios, ejecuciones y embargos, renunciando nosotros, como renunciamos, en todo caso, las leyes y privilegios que pudieran favorecernos. Sevilla, etc.»

Doña Rufina   ¡Hola!... ¿Conque cien doblones
              prestarnos al fin resuelve?

Don Simeón   ¿Quién se lo ha dicho, señora?
              ¿Por loco usía me tiene?

Doña Rufina   Como es de seis mil reales
              el recibo...

Don Simeón   ¿Pues no advierte
              que en él están incluidos
              el capital e intereses?
              Yo doy los tres mil reales,
              y seis mil usías me vuelven.

Don Alberto   ¡Don Simeón!... ¿Y la conciencia?

Don Simeón   Pues qué, ¿de balde lo quieren?
              ¡Dan por prendas esperanzas,
              y aún a quejarse se atreven!

Don Miguel   Mas..., ¡señor!..., ¡ciento por ciento...!

Don Simeón   ¿Les ruego yo que lo acepten?
              Y tengo temor de Dios,
              y si esto justo no fuese,
              me guardaría muy bien...

Doña Rufina   Pero como es solamente
                         por tres o por cuatro días
                         el préstamo...

Don Simeón (Quiere recoger el papel.)
                                  Bien; pues quede
                         sin hacerse este negocio.

Doña Rufina   De modo....que...

Don Simeón   ¿Se resuelven...?
                         El gran apuro en que están
                         preciso es que usías piensen,
                         que no me dan prenda alguna,
                         que su precio también tiene
                         el susto de mi caída,
                         y...

Doña Rufina   Alberto, si te parece,
                         firmaremos el recibo,
                         porque, al fin, la urgencia crece,
                         y es preciso...

Don Alberto   Bien; firmemos,
                         pues tales riquezas vienen
                         que lo recompensan todo.

(Firman.)

Don Simeón (A don Miguel.)
                         Ahora falta solamente
                         que usted, señor capitán,
                         responsable al pago quede
                         con sus sueldos.

Don Miguel   ¿Yo?

Don Simeón   Sin duda,
                        pues por su medio la suerte
                        de servir a estos señores
                        se me proporciona... Y siempre
                        los sueldos son garantía,
                        porque el gobernador puede,
                        de las tres partes, las dos
                        mandar que se le descuenten
                        para el pago de acreedores,
                        y...

Don Miguel   Mas yo...

Doña Rufina   Miguel, advierte
                        que por ti no es regular
                        que así el negocio se deje.

Don Miguel   Pero, señores..., mis sueldos...
                        ¡Pues como andan tan corrientes...!
                        En fin...
(Toma el recibo y dice a don Simeón):
                                  ¿No es más que firmar?...

Don Simeón   Escriba antes lo siguiente:
(Escribe don Miguel.)
                        «Yo aseguro el pago de la expresada cantidad con
                        mis sueldos devengados o corrientes, para lo cual, en
                        caso necesario, se me descontarán las dos terceras
                        partes de mi haber mensual. Fecha y firma.»
(Acaba don Miguel de escribir, y da el recibo a don Simeón.)

Don Miguel   Pues, señores, está hecho.

Don Simeón   Y yo doy gracias solemnes
                    al Señor de Tierra y Cielo
                    de haber con mis cortos bienes
                    servido a tales señores,
                    a cuyo servicio siempre
                    me hallarán como un esclavo.
                    Y Dios con usías quede.

(Guarda el recibo, hace una profunda reverencia y se va a marchar.)

Doña Rufina   Qué, ¿así se va...? ¿Y el dinero?

Don Alberto   ¡Don Simeón!

Don Simeón (Desde la puerta.)
                            ¿Qué se ofrece?

Don Alberto   ¿Y el dinero?

Don Simeón   ¡Oh Virgen santa!
                    Tantos negocios me tienen
                    trastornada la cabeza.
(Saca un bolsillo.)
                    Aquí está... ¡Jesús mil veces!
(Vacía el bolsillo sobre la mesa y empieza a contar.)
                    Uno, dos, tres, cuatro, cinco,
                    y cinco diez, y diez veinte,
                    y diez...

Don Alberto (Que está recontando el dinero.)
                    Solo dieciocho
                    hay aquí.

Don Simeón ¿Cómo...? A ver... Puede...
Alguna equivocación...
Repásenlo atentamente,
que nada quiero de nadie,
porque hay juicio, infierno y muerte.
(Sigue contando.)
Sesenta..., ciento..., y cincuenta...
Completos los tres mil tienen.

Don Alberto (Después de asegurarse.)
Sí, señor; están completos.

Don Simeón Pues si otra cosa no quieren,
con el permiso de usías
me retiro. Con Dios queden.

(Vase.)

Don Alberto ¡Qué ladrón!

Don Miguel ¿No os lo previne?

Doña Rufina ¡Maldito sea el vejete!

Escena XXII
Los mismos, menos Don Simeón

Doña Rufina (Acercándose a la mesa, donde está el dinero.)
Pues, señores, lo primero,
no dormirnos en las pajas.

Don Alberto Bien; capirotes y rajas
hagamos de este dinero.

Doña Rufina	Tú, Alberto, ¿qué necesitas para sacar tu uniforme?
Don Alberto	Veinte duros.
Doña Rufina	¡Suma enorme! ¿Y las libreas malditas?
Don Alberto	Con treinta se sacarán. Para el casero es también preciso...
Doña Rufina	En un santiamén estos tres mil volarán. Toma lo que quieras, pues, y en la fonda una comida con todo primor servida encarga para las tres.
Don Alberto	¿Qué...? ¿Hemos de comer allí?
Doña Rufina	¡Qué necedad! No, por cierto; que la dispongan, Alberto, para después traerla aquí.
Don Alberto	Pues no hay tiempo que perder, tomo el dinero y me voy.

(Toma el dinero.)

Doña Rufina	Mira que esperando estoy. Los mozos puedes traer.

Don Alberto   ¿Qué mozos?

Doña Rufina   Aquellos dos
                   que se pondrán las libreas.

Don Alberto   Lo haré todo cual deseas,

(Vase por la derecha.)

Doña Rufina   ¡Que no te tardes, por Dios!

Escena XXIII
Doña Rufina y Don Miguel

Doña Rufina   Miguelito, ¿qué me dices?
                   Viento en popa todo va
                   Nuestro amor se logrará.
                   Pronto seremos felices.
                   Mañana mismo prometo
                   las diligencias hacer...

Don Miguel   Pero ya sabes, mujer,
                   lo que te importa el secreto,
                   Digo, a ti... Por mí..., ya ves...,
                   aunque sin la real licencia...
                   Es de entrambos conveniencia.

Doña Rufina   Preciso el secreto es.
                   Mañana, sí... Loca estoy;
                   no sabes lo que en mí pasa.
(Le echa una mirada muy tierna.)
                   A arreglar toda la casa,
                   que urgen los momentos, voy.
(Recoge el dinero.)

	Adiós, Miguel.
Don Miguel	¿Y es razón que nada haya para mí?
Doña Rufina	¿También quieres...?
Don Miguel	Prima, sí; Yo traje a don Simeón.
Doña Rufina	Es verdad...; pero.... ¡Miguel!
Don Miguel	Para salir de un empeño.
Doña Rufina	Sí, para que el extremeño se regocije con él.
Don Miguel	Ya no temo a ese bribón. Veinte duros me has de dar, pues que hoy me he de desquitar me anuncia mi corazón.
Doña Rufina (Dándole el dinero.)	Toma... Mira lo que queda,
Doña Rufina	No te aflija cosa alguna, que hoy nos sube la fortuna a la cumbre de su rueda.

(Vanse don Miguel por la derecha y doña Rufina por la izquierda.)

Acto II

Escena I
Doña Rufina y Ana, con un plumero en la mano limpiándolo todo

Doña Rufina   ¿Está todo colocado...?
                    ¿Las cortinas están ya?

Ana   Sí, señora; todo está
                    muy limpio y muy arreglado.

Doña Rufina   A la señorita llama.
                    ¿Qué hace ahora?

Ana   Yo no sé.
                    En la alcoba pienso que
                    estará haciendo la cama.

Doña Rufina   Que venga aquí.

Ana (Corriendo a la izquierda.)
                                Señorita.

Doña Paquita (Dentro.)
                    Ya voy... ¿Qué se ofrece?

Doña Rufina   Ana.
                    ¿pusiste la palangana?

Ana   Todo está listo.

Doña Rufina (En voz alta.)
                                ¡Paquita!

Doña Paquita (Dentro.)
                    ¡Mamá!

Doña Rufina   Ven pronto, mujer.

Escena II
Las mismas y Doña Paquita

Doña Paquita   ¿Qué manda usted?

Doña Rufina   ¿Así estás?
                    ¿Por qué a vestirte no vas?

Doña Paquita   Como aun hay tanto que hacer..,

Doña Rufina   Ponte el vestido mejor,
                    y no olvides el collar.

Doña Paquita   ¿Cómo se me ha de olvidar?

Doña Rufina   Anda, vete al tocador

Escena III
Doña Rufina y Ana

Doña Rufina   ¡Jesús, cuánto tarda Alberto!
                    ¿La plata no la han traído...?

Ana   No. señora.

Doña Rufina   ¿Ni han venido
                    los lacayos?

Ana   No, por cierto.

Doña Rufina   A la puerta están llamando...
El repostero será...
Corre a verlo.

Ana   Voy allá.

Doña Rufina   Pues ¿qué aguardas?

Ana (Suelta el plumero.)
                            Voy volando.

(Vase.)

Escena IV
Doña Rufina, sola

Doña Rufina   Vaya..., parece un sueño. ¡Qué alegría!
¿Quién tal fortuna ha un mes pensar pudiera?
¡Trescientos mil! ¡Pues es una friolera!
De que todas me envidien llegó el día.
¿Y aquel vil tenderillo pretendía
conmigo emparentar? ¡Lindo estuviera!
Marcho al punto a Madrid, y la primera
figura voy a hacer, ¿por vida mía!
Comprará luego un título mi hermano,
pretenderá el toisón, un regimiento
para Miguel... Y yo..., la banda; es llano.
Un duque o un príncipe al momento
de mi Paquita pedirá la mano,
No sé cómo de gozo no reviento.

Escena V
Doña Rufina, Ana y dos mandaderos, cada uno con una gran batea cubierta con una servilleta: en una, platos y cubiertos de plata; en otra, vasos, copas, botellas y mantelería

Ana   Señora, ya están aquí
                los mozos del repostero.

Doña Rufina   Bien; mas veamos primero
                si viene lo que pedí.

(Reconoce una batea.)

Ana   ¡Ay qué plata tan hermosa!
                Si fuera nuestra... ¡Ojalá!

Doña Rufina   Pronto tu ama la tendrá
                de más peso y más costosa.
                Platos de oro he de tener
                con que a duques, a señores,
                príncipes y embajadores
                dar en Madrid de comer.

Ana   ¡Qué, señora!, ¿a Madrid vamos...?
                ¡Qué gusto si pronto fuera!

Doña Rufina (Con mucha gravedad.)
                Las gentes de nuestra esfera
                bien solo en la corte estamos.

Ana (Reconociendo la otra batea.)
                Los manteles y el cristal,
                aquí vienen.

Doña Rufina (Después de mirarlo todo.)
                              Guarda todo,
que de servir luego el modo
te diré a ti y a Pascual.

(Vanse Ana y los mozos.)

Escena VI
Doña Rufina, Don Alberto, Perico y Faco, cada uno con un lío de ropa

Don Alberto   La ropa tienes ahí,
                        y éstos los lacayos son.
                        Tú que se vistan dispón.

Doña Rufina   ¿Y la fonda?

Don Alberto   Ya pedí
                        una abundante comida,
                        que al momento en que avisemos
                        aquí en casa la tendremos
                        con todo primor servida.

Doña Rufina   ¿Y tu uniforme?

Don Alberto   Ahí está.

Doña Rufina (Desata el lío que le ha señalado don Alberto, y saca un uniforme bordado de plata.)
                        Tómalo y vete a vestir,
                        que no tardará en venir
                        nuestro hermano.

Don Alberto (Tomando el uniforme.)

                        Voy allá.

(Vase.)

Escena VII
Doña Rufina, Perico y Faco

Doña Rufina (Desata el otro envoltorio y saca dos libreas ridículas.)
                        Estas librea tened;
(Registrándolas.)   las mejores de Sevilla.
                        Mas, ¡ay Jesús!, la polilla
                        cuál me las ha puesto... Ved.
                        Pero no importa. Por hoy
                        así servirán. Mañana,
                        de la más hermosa grana
                        otras dos a encargar voy.
(Perico toma una casaca y Faco otra.)
                        ¿Cómo te llamas tú? Di.

Perico   Yo, Perico.

Faco   Y Faco yo.

Doña Rufina   ¿Y habéis servido?

Perico   Yo no.

Faco   Ni yo tampoco serví.

Doña Rufina   Mejor. En casa ha de ser
                        solo vuestra obligación
                        cerrar y abrir el portón,
                        servir la mesa y barrer,
                        encender los reverberos,

	ser muy limpios y callados,
	ir a la calle a recados
	y cuidar de los braseros,
	y principalmente dar
	a toditos señoría.
	Ni de noche ni de día
	esto se os ha de olvidar.

Perico   Muy bien está, señora ama.
                 ¿Y el salario cuánto es?

Doña Rufina   Será... tres duros al mes,
                 con comida, ropa y cama.

Perico y
Faco   Estamos listos.

Doña Rufina   Ahora
                 lavaros muy bien podéis
                 y la librea os pondréis.

Perico y
Faco   Está bien.

Doña Rufina   Ana.

Escena VIII
Los mismos y Ana

Faco   Señora.

Doña Rufina   Mientras me voy a vestir
                 no te descuides, ¡por Dios!
                 Que se limpien estos dos

y enséñalos a servir.

(Vase.)

Escena IX
Perico, Faco y Ana

Ana ¡Buena gente va acudiendo!
Venid, pues, a la cocina.

Perico Si usía nos encamina...

Faco Si usía...

Ana (Sorprendida.)
¿Qué estáis diciendo?

Perico y
Faco Que usía...

Ana (Con enfado.)
¿Os burláis de mí?
¡Por Dios, medrados estamos!
En muy mal pie comenzamos,
y si imagináis que así...

Perico Pues ¿qué...?

Faco ¿Ofendemos a usía?

Ana ¿Cómo...? ¡Bellacos!...

Perico y
Faco ¡Señora!

Ana	¿Venís con burlas ahora...? ¡Infames!... ¡Por vida mía...!
Perico	Pues nosotros, ¿qué decimos?
Faco	¿Por ventura la ofendemos?
Perico	Solo con lo que debemos exactamente cumplimos.
Ana (Sofocada.)	¿Señoría a mí?
Perico	Pues no.
Faco	Que tratáramos así a cuantos están aquí la señora nos mandó.
Ana (Convirtiendo el enfado en risa.),	Bestias, tan solo a los amos. ¿No veis que soy la fregona?
Perico	Al ver tan gentil persona, que era importante pensamos.
Ana	¿Es requiebro...? Sus, venid.
Faco (Con familiaridad.)	¡Bendita tu cara!
Perico	Amén.

Ana (Con seriedad.)
    No tan llano. Un ten con ten,
    y de él jamás os salid.

(Haciendo ademán de irse.)

Escena X
Los mismos y Don Miguel

Don Miguel Ana, espera. ¿Hay rostros nuevos?
    ¿Ha llegado Blas, o no?

Ana No, señor; aún no llegó,

Don Miguel Pues ¿quiénes son los mancebos?

Ana Son los lacayos.

Don Miguel   Bien va.
    Son buen par de mocetones.

Ana A vestirse de sayones
    destinados están ya.
    Limpiarlos mi encargo es,
    y no es pequeño trabajo;
    con arena y estropajo
    no se logrará en un mes.

(Vanse.)

Escena XI
Don Miguel y Don Alberto, con su uniforme

Don Alberto ¡Hola, Miguel! Me alegro de encontrarte.

Don Miguel	¡Jesús, y qué buen mozo y qué lucido!
Don Alberto	¿Te parezco galán?
Don Miguel	Y de mirarte absorto me he quedado y confundido. Con grande lujo estás. Felicitarte debo de que por fin haya salido uniforme tan rico y bien bordado del cautiverio donde oculto ha estado.
Don Alberto	Recibir es preciso al buen limeño con apariencia tal.
Don Miguel	Según tu hermana.
Don Alberto	Y a ti, ¿cómo te fue con tu extremeño? ¿Te ha tratado mejor que esta mañana?
Don Miguel	Calla, Alberto, por Dios. Es vano empeño ganar a ese bribón que a todos gana.
Don Alberto	¿Conque aquellos durillos...?
Don Miguel	Ya volaron, y ni un instante en mi poder pararon. Y de Blas, ¿hay noticia?
Don Alberto	No, por cierto.
Don Miguel	Pues el vapor ya ha rato que ha venido.
Don Alberto	¿Ha llegado el vapor?

Don Miguel	Sin duda, Alberto.
	Yo he visto ya personas que ha traído.
Don Alberto	El portón me parece que han abierto.
Don Miguel	Lo mismo a mí también me ha parecido.
	Será tal vez...

(Mirando a la puerta de la escalera.)

         Mas no, que es el criado.

Don Alberto   ¡Hola, Pascual! ¿El huésped ha llegado?

Escena XII
Los mismos y Pascual

Pascual   Si por el aire no vino,
        por vida de Barrabás
        que no ha llegado don Blas,
        o yo estoy fuera de tino.

Don Alberto   ¿Qué dices?

Pascual   Que no parece,
        aunque con una linterna...

Don Alberto   ¿Tú vienes de la taberna?

Pascual   Gracias, señor; se agradece.
        Si el vino he probado yo,
        que vino me vuelva. He estado
        tomando el Sol muy sentado
        hasta que el vapor llegó.
        Llegó, y vi desembarcar

                    a todos, uno por uno
                    y no me quedó ninguno
                    que quedase por contar.
                    Treinta eran los pasajeros,
                    y a todos pregunté en vano,
                    pues no saben del indiano
                    ni ellos ni los marineros.
                    Viendo, pues, que no venía
                    en aquel barco infernal,
                    tomé por el arenal
                    en derechura la vía
                    y sin parar me encajé
                    en la puerta de Carmona,
                    a ver a cierta persona
                    que allí a esperar envié.
                    Y con los guardas está
                    y a ninguno entrar ha visto,
                    y es muchacho muy listo,
                    que no se emborrachará;
                    aunque para contentarlo
                    y que esté más diligente,
                    a seis cuartos de aguardiente
                    fue forzoso convidarle.
                    Ni silla de posta alguna
                    parece en todo el camino,
                    ni caballos, e imagino
                    que esperar más es tontuna.

Don Miguel   ¿Conque no hay nada?

Pascual   Señores,
                    yo luego me encaramé
                    en la Giralda y miré
                    todos los alrededores,

	y ni calesa, ni coche, ni carro...
Don Alberto	Pues tal vez Blas se habrá detenido más en Cádiz...
Don Miguel	Hasta la noche esperarlo es lo más cierto, que no tarda todavía.

Escena XIII
Los mismos y Doña Rufina, que sale vestida de gala estrafalariamente

Doña Rufina	No gastas, por vida mía, escasa pachorra, Alberto. ¿Conque ya Pascual volvió, y no me llamas?
Don Alberto	En vano fuera, pues de nuestro hermano no trajo noticia.
Doña Rufina	¿No...?
Pascual	Ni por tierra ni por río rastro se descubre de él.
Don Alberto	Que no tarda cree, Miguel; pero yo ya desconfío de que por hoy lo veamos.
Doña Rufina	¿Estás seguro, Pascual?

Pascual	¿Que si lo estoy...? ¡Voto a tal...!
Doña Rufina	Pues, señor, frescos estamos.

Escena XIV
Los mismos y Ana, Perico y Faco, vestidos de librea

Ana	Aquí traigo a estos mancebos limpios, galanes y hermosos.
Don Miguel	Ya se ve que están vistosos.
Ana	Los he puesto como nuevos.
Doña Rufina	Y muy bien que están así. Mas ¿no llamaron...? Ve, Ana.

(Suenan golpes a la puerta. Vase Ana.)

Escena XV
Los mismos, menos Ana

Doña Rufina (Se acerca al balcón.)	Miremos por la ventana. ¡Ay! ¡Un caballo está aquí!
Don Alberto	¿Un caballo?
Don Miguel	Será Blas.
Don Alberto	Vamos, pues.
Doña Rufina	Algún criado...

(Hacen todos ademán de salir.)

Escena XVI
Los mismos y Ana, que entra asustada

Ana Un hombre muy mal portado
se cuela sin más ni más.
Cuando del cordel tiré,
sin preguntar se encajó
y la escalera tomó...,
y... Aquí está ya su mercé.

Escena XVII
Los mismos y Don Blas, vestido de camino pobre y estrafalariamente

Don Blas Sí; no hay duda... ¿Sois vosotros...?
Vosotros sois mis hermanos.
Alberto, amada Rufina,
llegad, llegad a mis brazos.

Don Alberto ¡Ay, Blas es...!

Doña Rufina Blas es, no hay duda.
(Abrázanse.)
¡Jesús!... ¡Qué alegría!

Don Alberto ¡Hermano!

Don Blas ¡Rufina!... ¡Alberto!... ¿Qué gozo!

Don Alberto ¡Qué dicha!...

Doña Rufina ¡Blas adorado!

(Mientras el diálogo siguiente, Ana habla con Perico y Faco, los cuales salen por la puerta que da a lo exterior; por la misma vuelve uno con una maletilla y otro con una capa parda, lo entran todo por la puerta del fondo y vuelven a salir, quedándose a un lado de la escena.)

Don Blas ¡Ah!... Mentira me parece.
Aunque muy viejos os hallo,
os hubiera conocido
entre un millón. Otro abrazo
dadme, otro, por vuestra vida,
porque solo así descanso.

(Abrázanse otra vez.)

Doña Rufina Y nosotros solamente
en abrazarte ciframos
nuestras dichas y contentos.

Don Alberto Blas, por ti no pasan años.

Doña Rufina Como el día que partiste,
la mismo estás; no han mudado
nada tu fisonomía.

Don Alberto Nada.

Don Blas Pues muchos trabajos
he sufrido, hermanos míos,
muchos, muchos.

Doña Rufina Ya acabaron,
pues estás entre nosotros
y será nuestro cuidado
el servirte y el mimarte.

Don Blas   Queridos, así lo aguardo.

Doña Rufina (Presentándole a don Miguel.)
                    Y de Miguel, ¿no te acuerdas?

Don Alberto   De nuestro primo.

Don Blas (Recapacitando.)
                                    El muchacho
                    hijo de la tía Catana;
                    aquel tan travieso y malo,
                    que allá en la plaza del Pan
                    andaba roscas hurtando
                    descalcillo y...

Pascual (Aparte.)
                                    ¡Gran memoria!

Doña Rufina (Con gravedad.)
                    De éste que está aquí te hablo,
                    que es militar muy valiente
                    y capitán de caballos.

Don Blas (Con cariño.)
                    ¡Voto a Sanes!... ¡Miguelillo!...
                    Ven a abrazarme.
(Abrázale.)
                                    ¡Qué guapo!
                    De verte hombre de provecho
                    me alegro en el alma. ¡Cuánto
                    has crecido...! ¿Conque eres
                    un señor capitanazo?
                    Sea enhorabuena. Rufina,

                         ¿y la muchacha?

Doña Rufina (Arrimándose a los bastidores.)
                                       Volando.
                      Ven, Paquita, a ver al tío.

Don Blas   Hanme dicho que es un pasmo
                     de hermosura.

Doña Rufina   ¡Niña, pronto!

Don Blas   Se estará emperejilando.

Escena XVIII
Los mismos y Doña Paquita, vestida sencillamente y con un collar de perlas gordas

Doña Paquita   Mamá...

Don Blas (Corriendo a abrazarla.)
                      ¡Sobrina del alma!
                  Por cierto, no han ponderado.
                  Es muy linda, mucho, mucho.
                  ¡Qué ojillos tan vivarachos!

Doña Rufina   Que sea buena es menester.

Don Blas   Que es buena está publicando
                     su semblante. Eres muy mona.

Doña Paquita (Con mucha modestia.)
                  Gracias, tío.

Don Blas (Reparando en el collar.)

| | Con mi encargo
veo que cumpliste, hermosa.
Di: ¿las perlas te han gustado?

Doña Paquita   Y yo doy a usted las gracias
por tan soberbio regalo.

Don Alberto   Es magnífico en verdad.

Doña Rufina   Es joya de soberano.

Don Blas   Es tan solo una friolera
que en tiempos afortunados,
por ciertas cuentas y embrollos,
vino a parar a mis manos.

Doña Rufina   Pero, Blas, con la alegría
de verte aquí no pensamos
en lo que importa. ¡Al momento
querrás comer!...

Don Blas   He tomado
en la venta de Eritaña
unas chuletas y un trago,
y ahora ya gana no tengo,
más necesito descanso.

Doña Rufina   Bien. Pues la cama está hecha.

Don Blas   Vestido dormiré un rato.

Doña Rufina   Pero quítate las botas.
Ponte una bata.
(A los lacayos.)   Muchachos,

              traed la bata y las chinelas.

(Ana hace señas a Perico y Faco, y se los lleva por la puerta del fondo.)

Escena XIX
Los mismos, menos Ana, Perico y Paco

Don Alberto   Dime, Blas: ¿por qué en el barco
                    de vapor no te has venido?

Don Blas   De embarcación estoy harto.

Don Miguel   Pues en posta...

Don Blas   Más de prisa
                    por la marisma a caballo
                    pensé llegar.

Doña Rufina   Y tú, Alberto,
                    ¿por qué no avisas volando
                    a la fonda...?

Don Alberto   Sí; ahora mismo
                    irá Pascual en dos saltos.

(Habla aparte con Pascual, y éste sale con toda prisa por la puerta que da a la escalera.)

Escena XX
Los mismos, menos Pascual, y sale Ana, y con ella, Perico, trayendo una bata, y Faco, unas chinelas

Faco (A don Blas.)
                    Aquí tiene usía chinelas.

                        Las botas le iré quitando,
                        si usía permite.

Perico   Y la bata
                        tiene usía a su mandato.
                        Si quiere algo más usía...

Don Blas (Los mira atentamente, y dice a doña Rufina:)
                        ¿Quién son estos mamarrachos,
                        que parece me hacen burla?

Doña Rufina   ¡Qué, Blas! ¡Si son mis lacayos!

Don Blas (Sentándose en una silla que le trae Ana.)
                        Tus la..., ¿qué?

Doña Rufina   Según es uso
                        son de librea criados.

Don Blas   Ya.

Ana   Si usía quiere lavarse,
                        todo está listo en su cuarto.

Don Blas   ¿Tú también eres lacaya?...

Ana (Burlándose.)
                        Yo soy la dama.

Don Blas   Ya caigo.

(Se deja don Blas con mucha calma quitar las botas y el vestido y poner la bata y chinelas, y los lacayos, haciéndole una reverencia, se llevan la ropa que le han quitado, yéndose por la puerta del fondo.)

Escena XXI

Los mismos, menos Perico y Faco

Don Blas
: Dime, Rufina: ¿y por qué
este par de mamarrachos,
que al verlos dirá cualquiera
que en el Carvanal estamos,
me dan tales señorías?...

Doña Rufina
: Lo exige así nuestro rango.

Don Blas
: Será el tuyo; pero el mío...
¿O es que en esta tierra acaso
andan ya los tratamientos
como en la calle los cantos?

Doña Rufina
: ¡Qué gracia!

Don Alberto
: ¡Qué buen humor!

Doña Rufina
: Tiene mucho chiste. Hermano,
es el uso recibido.
Si tú...

Don Blas
: No me da cuidado,
aunque me den eminencia,
como no me den de palos.
Mas lo que ahora yo deseo
es solo dormir un rato.

Doña Rufina
: Sí, hijo mío, en el instante.
Tú eres el dueño, tú el amo,
tú eres el rey de esta casa.

Todos somos tus esclavos.
Dispón, manda, determina,
pide, ordena. Destinados
todos, todos a servirte
con mil amores estamos.

(Levantándole de la silla con mucho cuidado y cariño y encaminándose con él del brazo a la puerta del fondo.)

Vente conmigo, Blasito;
ven, te llevaré a tu cuarto.

(A los que quedan en escena.)

	Que nadie meta ruido;
	que haya silencio, ¡cuidado!,
	mientras que duerme el señor.
	A ti, Alberto, te lo encargo.
(Desde la puerta.)	Paca, enciéndeme un cerillo,
	que en casa hay mosquitos hartos,
	y porque a Blas no incomoden
	quiero yo misma matarlos.
	Ana, ven para ayudarme
	a echar las cortinas.
Ana	Vamos.

(Vanse doña Rufina, don Blas y Ana por la puerta del fondo, y doña Paquita, por la izquierda.)

Escena XXII
Don Alberto y Don Miguel

Don Alberto   ¿Qué te ha parecido Blas?

Don Miguel	Un solemne socarrón.
Don Alberto	Pues a mí un bobalicón.
Don Miguel	Tú te desengañarás.
Don Alberto	¿Dudas de su buena fe
y de sus ofertas?
Don Miguel	No,
no dudo; mas... ¿qué sé yo?
Encuentro en él no sé qué.
Don Alberto	Encuentras cierta franqueza
que no se usa por acá;
un hombre a quien se le da
poco del fausto y grandeza.
Siempre son así estos tales,
que a otros usos amoldados
y a la ganancia entregados,
olvidan nuestros modales.
Ven las cosas de otro modo,
juzgan que Lima es Sevilla,
y que café, y cochinilla,
y azúcar, y añil, es todo;
y con sus muchos dineros
lo entienden todo al revés,
y si hacen figura es
la de grandes majaderos.

(Sale doña Rufina por la izquierda con un cerillo encendido y entra por la puerta del fondo.)

Don Miguel	Tal me pareció a mí Blas

| | desde que supe que trata
| | de con vosotros su plata
| | repartir sin más ni más;
| | porque, o gran filosofía
| | o grande necedad tiene
| | quien con tal proyecto viene,
| | y mucho más en el día.

Don Alberto   Filosofía en mi hermano
              no encuentro ni necedad;
              sí una extremada bondad,
              y un corazón puro y sano.
              No tiene hijos ni mujer,
              y puede que ningún vicio,
              y no hace gran sacrificio
              en esto que piensa hacer.
              Ha ganado su tesoro
              sin saber cómo ni cuándo,
              y está el pobrete ignorando
              lo mucho que vale el oro.
              Tanta riqueza le aflige
              por no saber disfrutarla,
              y el repartirla y el darla
              para desahogarse elige.

Escena XXIII
Los mismos y Doña Paquita y Ana, por la puerta del fondo

Doña Rufina   ¡Que nadie chiste, cuidado!
              Paca, vete al comedor
              a preparar con primor
              la mesa cual te he enseñado.
              Ana, tú en cuanto el criado
              traiga la comida trata

de en las seis fuentes de plata
repartirla. La pondrás
junto al fuego, y cuidarás
no nos dé un chasco la gata.

(Vanse Paquita y Ana por la izquierda.)

Escena XXIV
Don Alberto, Don Miguel y Doña Rufina

Doña Rufina ¡Jesús!... ¡Jesús!... Nuestro Blas,
¡qué hombre tan extraordinario!...
¿Qué era tan estrafalario
imaginarais jamás?
¡Qué necio, qué impertinente,
qué grosero y descortés!
En verdad, vergüenza es
llamarle nuestro pariente.

Don Alberto Es un hombre natural
que en pelillos no repara.

Don Miguel Es una cosa muy rara;
es un solemne animal.

Doña Rufina En tanto que se durmió,
¡qué preguntas que me ha hecho!

Don Miguel ¿Por personas de provecho,
sin duda, te preguntó?

Doña Rufina Por lo peor de Triana:
por un lisiado barquero,
por un cierto tabernero,

	por una vieja gitana... ¿Quién sabe?... Pero yo, Alberto, le he dicho, por evitar que los quiera visitar, que todos ellos han muerto.
Don Miguel	Blas es raro personaje. Ninguna vergüenza tiene. Repara cómo se viene.
Doña Rufina	Y con qué pobre pelaje.
Don Miguel	¡Por la marisma a galope en un caballo alquilado!
Doña Rufina	¡Solito, sin un criado, como un miserable drope!
Don Alberto	Rufina, tanto mejor: mientras menos gaste Blas, a entrambos nos toca más; conque aplaudamos su humor.
Doña Rufina (Con gran desprecio.)	Aplaudámosle, por cierto, si por su vergüenza poca mayor cantidad nos toca.
Don Miguel	Soy de tu opinión, Alberto.
Doña Rufina	Es preciso, en despertando, de sus proyectos hablarle y los tesoros pillarle, que se va el tiempo pasando.

Don Miguel	Y bueno será, pues que
en su carta nos decía
que el testamento traía,
sacárselo.
Don Alberto	Ya se ve.
Eso es muy preciso.
Doña Rufina	Es llano.
Don Miguel	Y que haga la donación
con la justa precaución
de que sea ante escribano.
Doña Rufina	Y al punto le buscaremos
una casa en una aldea;
donde sea, como sea,
lejos de aquí lo tendremos.

(Se oye ruido.)

Mas ¿qué alboroto?... ¿Es Pascual?
¡Pues está la casa buena!

Don Miguel　　Anda la marimorena
　　　　　　　allá abajo en el portal.

Doña Rufina (Acercándose a la puerta de la derecha.)
　　　　　　　¿Qué es esto?... ¿Tal zalagarda
　　　　　　　se ha de sufrir?... ¡Hola!... ¡Chito!

Escena XXV
Los mismos y Ana, que sale por la puerta de la derecha

Ana (Asustada.)

	Señora, el viejo maldito...
Doña Rufina	¡Bien mi mandato se guarda! ¿Quién tanto ruido mete? No tengo a todos mandado...
Ana	El ebanista ha llegado, señora; y aquel vejete...
Doña Rufina	¿Cuál?
Ana	Aquél que esta mañana se cayó con grandes furias y diciendo mil injurias quiere hablar a usté.
Doña Rufina	¿Quién, Ana?
Ana	El viejo del peluquín y el ebanista con él.
Doña Rufina	Anda tú, por Dios, Miguel; mira qué es esto.

(Vase don Miguel por la puerta de la derecha.)

Escena XXVI
Don Alberto, Doña Rufina y Ana

Don Alberto	¿Y por fin, se sabe cuál es su intento?
Ana	Yo no lo sé. Voces dan, y amenazan que vendrán

	con la Justicia al momento
	si no se les oye.
Doña Rufina (Con impaciencia.)	
	¿Y qué podrá ocurrirles?
Don Alberto	Rufina, ¿quién demonios lo adivina? Lo que puede ser no sé.
Doña Rufina	Pero ellos... ¿Qué dicen, Ana?
Ana	El vejete Satanás me pregunta por don Blas, y dice que esta mañana aquí engañado quedó; y el tosco del ebanista que es usté... una petardista, y que ha de hacer... ¿Qué sé yo?
Doña Rufina	¡Canalla sin miramiento! ¿Conmigo se han de atrever...? Los haré al punto prender, y aun ahorcarlos al momento. Sí; que con mis seis millones todo lo puedo. Hoy haré que tiemble Sevilla, y que aprendan esos bribones a respetarnos.
Don Alberto	Escucha lo que dicen.

Don Simeón (Dentro.)
>Sí, señor;
>muy justo es nuestro furor.

Ebanista (Dentro.)
>Nuestra necedad fue mucha.

Don Miguel (Dentro.)
>Señores...

Don Simeón (Dentro.)
>Robar es esto,
>y con engaños muy viles.

Ebanista (Dentro.)
>Venir con los alguaciles
>será mejor y más presto.

Doña Rufina (Desesperada.)
>¡Pícaros!... ¿Qué dicen, pues?

Don Miguel (Dentro.)
>Señores, vamos con modo
>y lo arreglaremos todo.

Don Alberto   No adivino lo que es.

Escena XXVII

Los mismos y Doña Rufina, Don Simeón y un Ebanista, que salen por la derecha

Doña Rufina (Con gran altanería.)
>¡Qué grande atrevimiento!

Don Miguel	Cálmate, prima; escúchame un momento.
Doña Rufina	¿Y cómo esta canalla...?
Ebanista	¿Aún se atreve a insultarnos?
Don Miguel	Prima, calla. Se trata de materia que puede ser harto pesada y seria.
Don Alberto	Pero ¿qué ha sucedido?
Don Miguel	Que estos señores dicen que han oído que se llevó el demonio la fortuna de nuestro Blas.
Doña Rufina	¿Qué dices?
Don Miguel	Que han robado a Blas cuanto dinero había juntado, sin que salvar pudiera cosa alguna.
Doña Rufina	Mas..., ¿cómo...?
Don Alberto	¿Quién ha dado noticia tal?...
Don Simeón	No se habla de otra cosa, señores, en Sevilla, y es que usías lo ignoren maravilla.
Ana (Aparte.)	Siempre por pajarraco de mal agüero tuve a este bellaco.

Doña Rufina (Indecisa.)
     Yo estoy helada, Alberto.

Don Simeón Semejante noticia no es sabrosa.

Don Alberto (A doña Rufina.)
     De escucharla he quedado como muerto.

Ana   ¡Qué chasco!

Don Miguel (A don Simeón.)
     Pero ¿cómo se ha sabido...?

Don Alberto Que es equivocación, sin duda, creo.

Don Simeón La noticia ha venido,
     señor, esta mañana en el correo,
     y ya el aviso tienen
     algunos comerciantes...

Ebanista Y los ociosos, que a mi tienda vienen
     a requebrar las mozas paseantes,
     a murmurar, fumar y hablar de toros,
     de otra cosa hoy no hablaron
     sino de que al indiano le robaron
     cerca de Cádiz los piratas moros.
     ¿Y sabe usted también quién me lo dijo?
     Pérez el corredor; Pérez, el hijo
     del que enfrente de gradas tiene lonja;
     el que ha metido a su sobrina monja
     hace dos o tres días.
     Y, a la verdad, si usías
(como dicen y creo)

       estaban ya informados,
       tomar muebles fiados
       es una acción...

Don Simeón   Y quien con buen deseo,
       sin prenda ni interés, seis mil reales,
       ganados con fatigas y sudores,
       de buena fe ha prestado a estos señores
       en momentos tan críticos y tales,
       ¿qué deberá decir?

Ebanista   Mis muebles luego
       quiero llevarme. No es cosa de juego
       perder sin más ni más...

Don Simeón (Saca el recibo.)
          Este recibo,
       que es en verdad legal y ejecutivo,
       por sí o por no...

Don Miguel   Esperad, que no es creíble
       la tal noticia.

Don Alberto (Con entereza.)
         ¿Cómo, si el indiano
       ha media hora llegó tranquilo y sano
       y en su alcoba durmiendo...?

Doña Rufina (Recobrando su altanería.)
          Es imposible.
       Esto es solo una hablilla
       de muchos envidiosos
       en que abunda Sevilla,
       que de que así ocurriese deseosos

                por dañarme lo inventan. ¡Picarones!
                Pues yo les aseguro a los bribones
                que les ha de pesar. Mi buen hermano
                ya, a Dios gracias, llegó, y aquí al instante
                mentira semejante
                vendrá a contradecir.

Don Alberto (Con seguridad.)
                                  Al punto; es llano.

Doña Rufina   Ya, señores, infiero
                de quien es la invención: del majadero
                don Juan, que, resentido
                porque darle mi hija no he querido,
                con tal embrollo ahora...

Ebanista   Pues sea como fuere, yo, señora,
                mis muebles solo quiero,
                o si no al asistente...

Don Simeón   Y yo, si no es demanda impertinente,
                y aún existe, señora, aquel dinero...

Doña Rufina (Encolerizada.)
                ¡Jesús, Jesús! ¡Qué gente!
                ¿Lo ves, Miguel...? Alberto, ¿tú lo notas?

Don Miguel   ¿Por qué así te alborotas?

Doña Rufina   ¿Y quién tendrá paciencia suficiente?

Escena XXVIII
Los mismos y Doña Paquita, por la izquierda

Doña Paquita (Sobresaltada.)
¡Mamá! ¿Qué ocurre? ¡Ay Dios, y qué enojada...

Doña Rufina   ¡Qué ha de ser! ¡Qué ha de ser, Paquita!
Gracias de aquel tunante. Nada

Doña Paquita   ¿De quién?

Doña Rufina   De don Juanito, de tu amante
y de otros envidiosos
que de nuestra fortuna están rabiosos.

Doña Paquita   Pero ¿el pobre don Juan...?

Doña Rufina (Con enfado.)
Calla tú, niña.

Ana (Aparte.)
Don Juan ha de salir a cada riña.

Ebanista   Señores, concluyamos.

Don Simeón   Ruego que pronto, pues de prisa estamos...

Don Alberto   ¿Conque ustedes, señores...?

Doña Rufina   Dan crédito a los tontos habladores;
mas para convencerlos
y lograr contenerlos
esto será mejor.

(Se acerca a la puerta del fondo, y dice en voz alta:)

Sal pronto, hermano;

despierta, y confundidos
a estos dos atrevidos
deja y a todo el pueblo sevillano.

Escena XXIX

Los mismos y Don Blas, que sale por la puerta del fondo restregándose los ojos y bostezando como quien despierta de un profundo sueño

Don Blas   ¿Conque ni dormir se puede
        en esta maldita tierra?...
        ¡Jesús y qué gritería!
        ¿Qué voces, decid, son éstas?
        Me pareció que en el mar
        corriendo estaba tormenta.
        ¿Qué ha ocurrido?... ¿Qué acontece?
        Estos hombres, ¿qué desean?

Don Simeón (A Ana.) ¿Es éste el señor indiano?

Ebanista (A Ana.)   ¿Es don Blas?

Ana   ¿Pues no lo aciertan?

Don Simeón (Acercándose a don Blas.)
      Yo, señor, soy...

Ebanista (Adelantándose.)
          Yo, ebanista...

Don Alberto (Dudoso.)
      Son...

Doña Rufina (Con resolución.)
        No es tiempo de reserva:

	estos dos son acreedores
	de quien, estando en urgencia,
	nos fue preciso valernos...
Ebanista	Yo, un sofá, cómoda y mesa
	por los respetos de usted,
	vendí...
Doña Rufina (Interrumpiéndole.)	
	Fue de esta manera:
	necesitando unos muebles
	para poner con decencia
	tu cuarto...
Don Simeón	Y yo, señor mío,
	a la señora marquesa
	y a este señor, vuestro hermano,
	y al capitán, viendo que era
	justo que con aparato
	tal persona recibieran,
	por servirlos les presté
	seis mil reales en moneda,
	sin tener más garantía
	que una carta...
Don Blas	Estos chochean.
	¿Qué tengo con eso yo?
Don Simeón	Ya descampa, y llueven piedras...
	¿Qué tenéis con eso vos...?
Ebanista	Mis muebles...
Doña Rufina	En dos paletas

                    yo te aclararé el enigma.
                    Estos hombres con quien deuda
                    es verdad que contrajimos,
                    y todo es una friolera,
                    se vienen con la embajada
                    de que tu fortuna inmensa
                    se la ha llevado el demonio;
                    y tal disparate piensan
                    que es verdad, porque unos necios,
                    con intención nada buena,
                    andan por toda Sevilla
                    divulgando...

Don Simeón   Por muy cierta
                    la noticia nos han dado.

Doña Rufina (Con gran seguridad.)
                    Ya ves qué cosa tan necia.

Don Blas (Con mucha calma.)
                    Rufina, no es necedad.
                    La noticia es verdadera.
                    Es un evangelio, sí.
                    Estando de Cádiz cerca,
                    dos jabeques berberiscos,
                    en una noche de niebla,
                    abordaron mi fragata;
                    fue imposible hacer defensa,
                    y todo me lo robaron;
                    todo, todo.

Doña Rufina (Suspensa.)
                                    ¿Hablas de veras?

Don Alberto (Dudoso.)
             Pero... Blas...

Don Blas   Una desgracia
             imprevista...

Don Miguel   ¿Y resistencia
             hacer no te fue posible...?

Don Blas   ¿No veis que fue una sorpresa?
             Veinte cajas se llevaron,
             todas de dinero llenas;
             gran cantidad de oro y plata
             en barras, una completa
             vajilla, varios productos
             preciosos de aquellas tierras,
             y... hasta mi equipaje.

Doña Rufina (Dando muestras de desmayarse.)
             ¡Ay Dios!

Doña Paquita (Sosteniendo a su madre.)
             ¡Ay mamá!

Doña Rufina   ¡Jesús!

Don Alberto (A Ana.)
                         Acerca
             una silla. Pronto.

Don Blas (Con ternura.)
             ¡Hermana!

Doña Rufina (Sentándose en una silla que le trae Ana.)

                    ¡Válgame Dios!... ¿Quién dijera
                    aún no hace un cuarto de hora
                    tal desgracia?

Ebanista   Si era cierta
                    la noticia ahora se ve.

Don Simeón (Acercándose a doña Rufina.)
                    Gracias infinitas sean
                    dadas al Señor de todo.
                    Él da y Él quita la hacienda;
                    y pues la salud, señora,
                    benigno, a usía la deja,
                    dénsele gracias. Tal vez
                    su condenación eterna,
                    su absoluta perdición,
                    iban a ser las riquezas;
                    y más vale en todo caso...

Doña Rufina (Con enfado.)
                    Ésas son cosas muy buenas,
                    mas no para este momento.

Don Blas   Pero, Rufina, contempla...

Doña Rufina   ¡Pues buenos hemos quedado!

Ebanista (Aparte, enternecido.)
                    Lástima me da de verla.
                    Claro es que de buena fe
                    me hizo la compra. ¡Paciencia!

Don Simeón   Yo, mis señores, no puedo
  (Dios sabe lo que me pesa)

                menos de que este recibo
                se me asegure, o con prenda
                suficiente, o aprontando
                la corta suma que reza,
                pues que ya no hay esperanzas
                y es notorio...

Don Miguel (Con enfado.)
                              Tanta priesa
                no es justa, don Simeón.
                ¿Aún no ha pasado hora y media
                y ya exige usted...?

Don Simeón   Amigo,
                yo he de mirar por mi hacienda.
                Si seguridad bastante
                no me dan, me será fuerza
                acudir a la Justicia,
                y a mi pesar...

Ebanista   Por mi cuenta
                no se aflijan sus mercedes.
                Es solo una friolera.
                Yo esperaré...

Don Simeón   Pues yo no.

Don Blas (Con resolución, a don Simeón y al Ebanista.)
                Conque... ustedes, ¿qué desean?

Don Simeón   Yo, el pago de este recibo.

Ebanista   Yo, nada.

Ana ¡Qué diferencia!

Don Blas (Al Ebanista.)
 Pues usted, señor maestro,
 por sus muebles nada tema,
 que son míos. ¿Cuánto importa?

Ebanista Treinta y dos duros.

Don Blas Pues queda
 pagárselos a mi cargo.
 Si usted quiere como prenda
 este reloj que salvé,

(Saca el reloj.)
 Yo no sé de qué manera...

Ebanista ¡Qué...! No, señor... Por mi parte.
 a nadie se hará molestia.

Don Simeón (Mostrando el recibo.)
 Yo presento este recibo
 Y exijo que al punto sea
 pagado. Si no, en el día
 acudiré a quien convenga.

Doña Rufina ¡Picarón!

Don Alberto ¡Vil usurero!

Don Blas (Con gran frialdad, a don Simeón.)
 Pues haga usted lo que quiera,
 porque yo, amigo, no puedo
 encargarme de tal deuda;
 ni yo le he pedido nada,

	ni usted nada a mí me presta.
Don Simeón	Mas, señor, por su respeto tal cantidad sin cautela...
Don Blas	¿Y mandé yo a usted, acaso, que por mi respeto diera...?
Don Simeón	¿Conque no se me asegura?
Don Blas	Lo que es yo..., «requien aeternam».
Don Simeón (Sofocado.)	Pues yo sabré de esta estafa vengarme, y con las setenas hacerme pagar.
Don Alberto	Amigo, buena caridad es ésa.
Don Simeón	No entiendo de caridades cuando al dinero me llegan. Yo haré que todos ustedes de la burla se arrepientan.
(Vase.)	
Don Miguel	Esperad, don Simeón.
Ebanista	Por mí, señores, no hay priesa.

Escena XXX

Los mismos, menos Don Simeón y el Ebanista

Doña Rufina	¡Válgame Dios!... Pero, Blas, yo no acabo de creer que esto verdad pueda ser; sin duda embromando estás. Si acaso por aburrir a estos tacaños dijiste que tus riquezas perdiste, dinos ya...
Don Blas	¿Qué he de decir? ¡Ojalá mentira fuera! Y, aunque harto afligirte siento, no lo dudes ni un momento: la noticia es verdadera. Los piratas me han robado hasta el último alfiler. Si no, ¿me habías de ver tan sucio y tan desastrado?
Doña Rufina	¿Conque es verdad?
Don Blas	¿Hay tal tema? Sí, sin duda.
Doña Paquita (Con ternura.)	¡Pobrecito!
Doña Rufina (Con repentino furor.)	Y qué, ¡pícaro maldito!, ¿lo dices con tanta flema?
Don Blas	¡Rufina...!
Doña Rufina (Levantándose de la silla.)	

                    ¡Gran majadero!...
                  ¿Se habrá visto necio tal?
                  ¿Conque así, enorme animal,
                  perdiste nuestro dinero?

Don Blas   ¡Rufina...! ¿Te has vuelto loca?

Don Alberto   No dice locura alguna.
                  Perder así la fortuna
                  es necedad, y no poca.
                  ¿Por qué precauciones, Blas,
                  no tomaste?... ¿No es demencia
                  a la Luna de Valencia
                  dejarnos sin más ni más?
                  ¿Por qué un barco no fletaste
                  armado? ¿Por qué un convoy,
                  viendo lo que pasa hoy,
                  mentecato, no esperaste?

Don Miguel   Fue muy grande necedad
                  el peligro no advertir...

Don Blas (Con chunga.)
                  ¿Conque debí de venir
                  en el navío «Trinidad»?

Doña Rufina   ¿Ahora te vienes con chistes?
                  ¡Pues como eres tan gracioso...

Don Blas   Que era en extremo chistoso
                  no hace mucho que dijiste.

Don Miguel (Con desprecio.)
                  Todo ha sido cobardía,

>   y vileza todo ha sido.
>   ¿Por qué no se han defendido?
>   ¡Collones!

Don Blas (Con entereza.)
>   Tu valentía,
>   primo, alabo. Si tú hubieras
>   estado allí, en la sentina,
>   como un cuitado gallina
>   no dudo que te escondieras.
>   De tales bravos reniego,
>   que no es gran bravura estar
>   hecho solo a blasfemar
>   allá, en la casa de juego.

Don Miguel
>   Soy un militar de honor,
>   y tengo al lado una espada
>   con que daré una estocada
>   al mismo Cid Campeador.

Don Blas
>   ¿Honor..., siendo un petardista?
>   ¿Espada...? Suele, quizás,
>   traerla de adorno y no más
>   quien tiene lengua tan lista.

Don Miguel   ¿Te atreves...?

Don Blas (Con resolución.)
>   Me atrevo, sí;
>   a mis hermanos aguanto;
>   pero, ¡por el Cielo santo!,
>   que no he de sufrirte a ti.

Don Alberto (Metiéndose en medio.)

                        ¡Señores, por Dios!...

Doña Rufina (A don Blas, con gran cólera.)
                        ¡Gran necio!

Don Blas (Con tranquilidad.)
                        Rufina, no te sofoques.

Doña Rufina   Vete, y más no nos provoques.

Don Miguel (Retirándose.)
                        Solo merece desprecio.

Doña Rufina   Por tu venida maldita,
                        la más buena proporción
                        de tener colocación
                        ha perdido mi Paquita.

Doña Paquita   Mamá, por Dios... ¡Pobre tío!

Doña Rufina   ¡Mentecato!

Doña Paquita   Al cabo es...

Doña Rufina   Solo un perdido, un mantés.

Doña Paquita (Afligida.)
                        Lástima me da... ¡Dios mío!

Doña Rufina (Llorando.)
                        Y a mí también me has quitado
                        mi felicidad colmada.
(A don Miguel.)   Pero no te importe nada,
                        no, Miguel... Aún me ha quedado...

Don Miguel (Interrumpiéndola con desdén y en voz baja.)
Calla. Después hablaremos...
No lo eches todo a perder.

Doña Rufina   Yo resuelta estoy a hacer...

Don Miguel (Con enfado.)
¡Calla, por Dios! Ya veremos.

Doña Rufina (A don Blas, con despecho.)
Y tú, márchate de aquí.

Don Blas   Rufina, ¿y aquel amor
                   que con tan grande calor
                   ha un rato mostraste? Di.

Don Alberto   ¡Con buen recuerdo te vienes!

Don Blas   Conozco de esta manera
                   que aquel cariñazo era,
                   no a vuestro hermano, a sus bienes.

Doña Rufina   Muchito.

Escena XXXI
Los mismos y Pascual, por la derecha

Pascual   Aquí está ya todo.
                   Pero ¡vaya una comida!
                   ¡Qué capón! ¡Qué pastelillos!
                   ¡Qué temblonas gelatinas!
                   Viene la cosa completa.
                   Hay dulce seco, y de almíbar

	hay... ¿Qué sé yo?... Dos gallegos lo traen en las angarillas.
Doña Rufina	¡Bestia! Puedes a la calle tirar todo.
Don Blas	No en mis días, no; porque yo he de comerlo.
Pascual (Aparte, a Ana.)	¿Qué es, Ana, esta tremolina?
Ana	¿Qué ha de ser?... Que los demonios nos han hecho una visita.
Doña Rufina (Desesperada.).	Tiradlo todo a la calle. Ya no es menester comida. Veneno, solo veneno es lo que quiero.
Don Blas (Admirado.)	¡Rufina!
Doña Rufina (A don Blas.)	Te detesto... Vete al punto.
Doña Paquita	¡Mamá!
Doña Rufina	Déjame, Paquita.
Doña Paquita	Vamos adentro, mamá... Será mejor...

Doña Rufina   Vamos, hija.
                    Por no ver a ese mostrenco
                    a los infiernos me iría.

Don Alberto (A don Miguel.)
                    Dejemos a ese perdido.
                    Vente, vente con Rufina.

Don Miguel   Yo me voy a...

Doña Rufina (Andando hacia la puerta de la izquierda.)
                    ¡Qué, Miguel!
                    ¿En tal conflicto...?

Don Miguel   No, prima.
                    Voy a ver si de este chasco
                    la baraja me desquita.

Pascual   Pues yo, en todo caso, iré
                    a custodiar mis marmitas.

(Vanse doña Rufina, don Alberto y doña Paquita por la izquierda, y don Miguel y Pascual por la derecha.)

Escena XXXII
Don Blas y Ana

Don Blas (Sin reparar en Ana.)
                    Pues, señor, ¡buenos parientes
                    he encontrado! Las noticias
                    que en Cádiz de ellos me dieron
                    eran ciertas, ¡por mi vida!
(Vase por la puerta del fondo.)

Escena XXXIII
Ana, sola

Ana Tú eres el rey. Ven, Blasito;
nosotros te mimaremos;
los mosquitos mataremos;
¡que haya gran silencio, chito!...
El Señor sea bendito,
que da los males y bienes;
mas del mundo en los vaivenes,
como reina el interés,
solo hay una norma, y es:
tanto vales cuanto tienes.

Acto III
Escena I
Ana y Pascual, que viene de fuera

Pascual   Conque dime: ¿has despedido
                     a los lacayos?

Ana   Sí; ahora.
                     Me lo mandó la señora.
                     Mas tú, ¿cómo lo has sabido?

Pascual   Los he encontrado.

Ana   Ya ves
                     el trastorno que hay en casa.

Pascual   Por cierto que lo que pasa
                     cosa del demonio es.
                     ¡Qué chasco!... ¡Pobre don Blas!
                     Yo, al pronto, no lo creí;
                     y, aunque en la fonda algo oí,
                     no pensé en ello jamás.

Ana   Lance es de marca mayor.
                     A mí lástima me han dado.

Pascual   Quien a mí me la ha causado
                     es el bueno del señor.
                     Y también la señorita;
                     mas por el ama...

Ana   En verdad
                     que su necia vanidad
                     y su condición maldita

	no merecen compasión.
Pascual	Pues ¿y el señor capitán?
Ana	¡Cuántos a galeras van que más hombres de bien son!
Pascual	¡No sabes qué trucha es! Si yo te dijera a ti...
Ana	Y ¿qué tardas, Pascual? Di...
Pascual	No, que me dirás después que soy un grande hablador. Pero has de saber... No quiero.
Ana (Acariciándole.)	Cuéntame... ¡Anda, majadero! Pascualito..., hazme el favor...
Pascual	¡Qué curiosa!... Al fin, mujer.
Ana	Y si es cosa de los amos dime, Pascual: ¿a qué estamos, sino a murmurar y oler?
Pascual	Pues ofréceme secreto, porque es cosa de importancia.
Ana	Dime solo la sustancia, que yo callarlo prometo.
Pascual (Mirando a todas las puertas para asegurarse que nadie les oyese.)	Pues has de saber que él,

	en cuanto la plata olió, casarse al punto trató.
Ana (Con gran curiosidad.)	¿Quién, Pascual? ¿Quién?
Pascual	Don Miguel. Pero ¿a que nadie adivina la novia?...
Ana	¡Ya! La muchacha.
Pascual	Hablas como una borracha. Pretende a doña Rufina.
Ana	Anda, embrollón, embustero,
Pascual	¿Piensas que es mentira?
Ana	Sí.
Pascual	Pues, amiga, yo lo oí.
Ana	¡Mucho deslumbra el dinero! Pero... ¿cómo...?
Pascual	Hace tres días que yo ahí dentro oculto estaba, y aquí la señora hablaba con su primo boberías. Me puse atento a escuchar, y el capitán empezó a decirle.... ¿qué sé yo?, cosas para reventar.

Ana (Dudosa.)
    ¡Calla, bruto!

Pascual
              Pues si callo,
¿cómo te lo he de decir?
Era cosa que reír
hiciera, no a mí, a un caballo,
ver a la vieja hacer quiebros
y al taimado capitán,
muy rendido y muy galán,
flores echarle y requiebros.

Ana
    ¿Conque ambos se enamoraban?

Pascual
    Pero con muy casto intento,
pues de santo casamiento
y de nada más trataban.
Que ya hacía muchos años
que se abrasaba en su fuego,
que estaba por ella ciego
y otras locuras y engaños
el capitán le decía,
y la vieja se mirlaba,
«picarillo» le llamaba
y los labios se mordía.

Ana
    ¡Muy lindo paso, por Dios!

Pascual
    Pues ayer los encontré
de nuevo, y me agazapé
para escuchar a los dos.
Volvieron a los amores
y a reconcomerse el ama,

	a hablar de pasión y llama
	y a equivoquillos y a flores,
	y después, el muy taimado,
	más astuto que el demonio,
	le propuso matrimonio
	con muy grande desenfado.
Ana	Y ¿en qué quedaron por fin?
Pascual	En que se hizo de rogar,
	¿quién tal pudiera pensar?,
	el quintañón serafín.
Ana	¿Cómo?
Pascual	A pesar de que estaba
	hecha una jalea toda,
	a la apetecida boda
	obstáculos encontraba,
	diciendo que a perder iba
	el título de marquesa,
	y que era una cosa ésa
	para ella muy cuesta arriba.
	Pero el remedio dispuso
	el galán, como discreto,
	y matrimonio secreto
	al instante le propuso.
Ana	¿Y aceptó?
Pascual	¿Qué había de hacer?
	Si un novio se le presenta
	cuando ha cumplido cuarenta,
	¿lo desprecia una mujer?

Ana   ¡Jesús!... ¿A tal vieja quiere?

Pascual   El solo quiere pillar
                dinero para jugar,
                y venga como viniere.

Ana (Recapacitando.)
                ¡Válgame Dios!... Pero ahora
                me haces sospechas tener
                de cosas que he visto hacer
                al primo y a la señora.
                Es cierto. Desde que vino
                la carta muy servicial
                anda don Miguel, Pascual;
                muy obsequioso y muy fino.
                Con la primita a paseo,
                a misa con la primita...
                ¡Miren la vieja maldita,
                que aún le gusta el galanteo!
                Mas ya que llevó el demonio
                las esperanzas en flor,
                también llevará este amor
                y el tratado matrimonio.

Pascual   Pues que de secretos va,
                decirte otro es menester;
                mas también me has de ofrecer
                callarlo.

Ana   Dímelo ya.

Pascual   Has de saber... Pero no.
                Acierta de dónde vengo.

Ana (Con impaciencia.)
¿Cómo? ¿De acertarlo tengo?
De..., de... Pascual, ¿qué yo?

Pascual   De casa de don Juanito.

Ana   ¿De quién, hombre?

Pascual   De don Juan,
                   el que era novio o galán
                   de la niña.

Ana   ¡Habrá maldito!...
                   ¿Te has echado a corredor...?

Pascual   ¿A qué?

Ana   A traer y a llevar;
                   a componer y a ajustar
                   inconvenientes de amor.

Pascual   ¡Calla, lengua viperina!
                   Si yo a don Juan he buscado,
                   es porque me lo ha mandado
                   el ama doña Rufina.
                   ¡Pues muy bonito soy yo
                   para el papel de tercero!

Ana   No te enfades, majadero.

Pascual   ¿Yo alcamones...? Eso no.

Ana   No te amosques, no, Pascual,

                que ofenderte no es mi intento.
                Además, que en casamiento
                intervenir no es gran mal.

Pascual   Hija, yo en nada intervengo,
                si de hombre y mujer se trata,
                ni por cien montes de plata;
                que de gente honrada vengo.
                Si a buscar a don Juan fui,
                con recado fue del ama.

Ana   ¿Qué quiere de él?

Pascual   Que lo llama.

Ana   ¿Le pide que venga?

Pascual   Sí.
                Como el diablo la fortuna
                del indiano se llevó,
                busca al que antes despreció.

Ana   No tiene vergüenza alguna.
                Pero, Pascual, ¿qué recado
                te dio la señora? Di.

Pascual   Que al momento venga aquí.

Ana   ¿Y tú a don Juan se lo has dado?

Pascual   Sin duda. Y lo bueno está
                que me encargaron lo diera
                como que de parte era
                de la señorita.

Ana   Ya.

Pascual   Mas yo no quise mentir,
                  y le dije que es el ama
                  quien con tal prisa lo llama.

Ana   Y él, ¿ha quedado en venir?

Pascual   No sé. Había mucha gente
                  en la tienda, y un criado
                  me dijo que le había dado
                  a su padre un accidente
                  por cierta mala noticia...

Ana (Sorprendida, mirando a la puerta del fondo.)
                  ¡Ay, que viene aquí don Blas!

Pascual   Y ¿qué importa?

Ana   Que... quizás...

Pascual   No tiene tanta malicia.

Escena II
Los mismos y Don Blas, por el fondo

Don Blas (Con una carta en la mano.)
                  Hazme, Pascual, el favor
                  de llevar en el momento
                  esta carta.

Pascual   Como un viento
                  voy a serviros, señor.

Don Blas   Nombre y señas puedes ver
                  en el sobre, y diligente...

Pascual   Solo hay un inconveniente,
                  y es que yo no sé leer.

Don Blas   Pues imponte. Dice así:
(Leyendo el sobre.)
                  «A don Juan Antonio Greda,
                  en el Arco de la Seda,
                  número tres.» ¿Estás? Di.

Pascual (Tomando la carta.)
                  ¡Toma, toma!... ¿Que si estoy...?
                  Ya conozco al perillán.
(A Ana.)
                  Ana, ¡sí es nuestro don Juan!
                  Al momento, señor, voy.

Don Blas   ¿Le conoces?

Pascual   ¡Pues si era
                  novio de la señorita!

Don Blas (Con interés.)
                  ¿De mi sobrina Paquita...?

Pascual (Viendo que Ana le hace señas.)
                  Voy al punto.

Don Blas (Deteniéndole.)
                            Escucha, espera.
                  ¿Este don Juan será, pues,

	quien con mi sobrina estaba concertado y que la amaba con tanta ternura?
Pascual	Él es.
Don Blas (Suspenso.)	
	Pues entonces... Sí...
(Con resolución.)	
	Al instante la carta le has de entregar, en su mano y sin tardar. Mira que es interesante.

Escena III
Don Blas y Ana

Don Blas (Sin reparar en Ana.)	
	Muy bueno el saber ha sido que es éste el mismo don Juan el novio amable y galán por mi causa despedido.
(Reparando en Ana.)	
	Hola!... ¿Aún estabas aquí...? ¿Dónde mi hermana Rufina, dónde mi hermosa sobrina se encuentran? Muchacha, di.
Ana	Como le dio a la señora la jaqueca...
Don Blas	¿Mala está?
Ana	En cuanto rabia le da

	esto que le ha dado ahora.
Don Blas	Pero... ¿no es cosa de cama...?
Ana	¡Qué! No, señor; no hay cuidado. Tal vez ya le habrá pasado... Sin duda, porque me llama.

(Mirando a la izquierda.)
                      Aquí me pienso que viene.

Don Blas	¿Viene aquí? Pues yo me voy, porque conociendo estoy que ya poco amor me tiene.

Escena IV
Ana, sola

Ana	¡Qué amable es! ¡Pobrecito! ¡Y con qué paciencia lleva sus desgracias!... Esto prueba que tiene un genio bendito.

Escena V
Ana y Doña Rufina

Doña Rufina (Enojada.)
                      ¿Nunca has de contestarme
                      por más voces que doy cuando te llamo?
                      ¡Vaya, en desesperarme cifras tu gusto!... ¿Dónde está
                      tu amo?
                      ¿Fue tal vez a paseo?

Ana	Que allá en su cuarto está, señora, creo.

Doña Rufina	Y Pascual, ¿ha venido...?
	Porque, si no me engaño, hace un minuto
	que charlar le he sentido.
Ana	Ha vuelto, sí, señora.
Doña Rufina	Y el gran bruto,
	¿por qué de mi recado
	la debida respuesta no me ha dado?
	Que venga en el momento.
Ana	Otra vez me parece que ha salido.
Doña Rufina	¡Hay tal atrevimiento!...
	Sin duda a la taberna se habrá ido.
Ana	Don Blas le dio una carta...
Doña Rufina (Furiosa.)	
	Blas de desesperarme no se harta.
	Y ¿quién, ¡por vida mía!,
	le mete en disponer de mis criados?
	Mucho mejor haría
	en irse y en dejarnos descansados.
	Pues se engaña, por cierto,
	si piensa aquí dormir. ¡Alberto, Alberto!

Escena VI
Los mismos y Don Alberto, sin uniforme

Don Alberto	¿Qué me quieres, hermana?
Doña Rufina	Tengo que hablarte.

(A Ana, que se retiraba.)

       Dime: ¿despediste
    a los lacayos, Ana?

Ana (Desde la puerta.)
     Sí, señora.

Doña Rufina ¿Y su ropa recogiste?

Ana   También.

Doña Rufina   Dile a Paquita
    que venga.

Ana   Voy.
(A parte.)
    ¡Qué vieja tan maldita!

(Vase.)

Escena VII
Doña Rufina y Don Alberto

Don Alberto Pues, hermana, ¿qué ha ocurrido?

Doña Rufina Mil cosas que hablar tenemos.
    Muy grandes son los apuros,
    y es fuerza buscar remedio,
    y tomar nuestro partido
    con este hermano tan necio.
    Si se queda con nosotros,
    será insoportable peso.
    Y su ordinariez, su facha
    y sus bajos pensamientos
    van, sin duda, a abochornarnos

| | y a descubrir mil secretos.
| | Todo podía soportarse
| | en gracia de su dinero;
| | pero perdido el tesoro...

Don Alberto   Por mí, váyase al momento.
               Tus temores son fundados;
               haz lo que quieras.

Doña Rufina   Yo quiero
               decirle que no es posible
               tenerle en casa más tiempo,
               y tal vez, por aburrido,
               viéndose aislado y sin medios,
               se ausentará de Sevilla,
               y por mí, vaya al infierno,
               con tal que de aquí se aleje.

Don Alberto   Pero entre tanto, remedio
               nuestra situación no tiene;
               y no tan solo nos vemos
               con toda nuestra esperanza
               convertida en humo y viento,
               sino privados también
               del apoyo y de los medios
               que la boda de la chica
               con aquel joven tendero
               nos iba a proporcionar.

Doña Rufina   Para hablarte, hermano, de eso
               te llamo precisamente.
               ¿Piensas tú que yo me duermo?
               Ya al don Juan (que es un cuitado,
               un niño a quien le daremos

	papilla, si tú me ayudas)
	un recado muy atento
	de parte de mi Paquita
	le he enviado; y sé de cierto
	que no se hará de rogar,
	porque de amor está ciego.

Don Alberto   La muchacha estará loca
              con tal nueva de contento.

Doña Rufina   Mira tú si es mentecata,
              que se opone a todo esto,
              pensando que es vergonzoso,
              tras de los desaires hechos,
              llamarle; y es tan menguada,
              que ni aun verle quiere.

Don Alberto   ¡Bueno!
              ¡Es una alhaja Paquita!

Doña Rufina   Es necia con todo extremo.
              Yo le he estado predicando,
              pero todo sin efecto,
              y ahora la mandé llamar,
              a ver si entrambos podemos
              recabar de ella que al novio
              trate de empeñar de nuevo.
              Ni otro camino nos queda,
              y si en humo se volvieron
              todas nuestras esperanzas
              por ese Blas tan mostrenco,
              agarrarnos es preciso
              aunque sea a un clavo ardiendo.
              Este buen don Juan de Greda,

                    aunque es también otro necio,
                    al fin dota a la muchacha,
                    tiene crédito y dinero,
                    y en atrapándolo aquí,
                    a mi cargo queda luego
                    disponer de sus talegas,
                    hacerle que tome apego
                    a los títulos y honores,
                    que dé un puntapié al comercio
                    y que con todas sus fuerzas
                    ayude nuestros intentos,
                    y a dar al pobre Miguel
                    (que está al fin a cargo nuestro)
                    con que adelantar consiga
                    su carrera.

Don Alberto   Desde luego,

Doña Rufina   Pues aquí Paquita viene.

Don Alberto   Al fin la convenceremos.

Escena VIII
Los mismos y Doña Paquita, sin el collar

Doña Paquita   Mamá.

Doña Rufina   Ven acá, hija mía.
                    Preciso es que te convenzas
                    de que es ya llegado el día
 (como ha poco te decía)
                    en que a ti misma te venzas.
                    Aunque, según imagino,
                    no habrá mucho que vencer,

| | si es que el loco desatino
| | de aquel tierno amor, tan fino,
| | se encuentra en el mismo ser.
| | Don Juan luego ha de venir,
| | que en tu nombre se ha llamado.
| | Tú aquí lo has de recibir,
| | y bien le puedes decir
| | que lo tratado, tratado.

Don Alberto   Sí, sobrina; yo he de ser
               el padrino de la boda.
               Ya puedes, hermosa, ver
               cómo de nuevo encender
               de ese novio el alma toda.

Doña Paquita   ¡Válgame Dios!... ¿Y ha enviado
               usted de cierto, mamá,
               a don Juan el tal recado,
               por mí tan desaprobado?
               ¡Jesús, Jesús!... ¿Qué dirá?

Doña Rufina   Nada; vendrá; y está en ti,
               si lo ha ofendido el rigor
               con que se le echó de aquí,
               saber disculparme a mí,
               que todo lo alcanza amor.

Doña Paquita   ¡Y qué!... ¿Yo le he de rogar,
               tras de ofensa tan reciente?
               Me abochorno de pensar
               lo que él puede imaginar
               y lo que hablará la gente.

Don Alberto   Anda, tonta; así se ceban

                estos rendidos amantes:
                mientras más desaires prueban,
                y mayores golpes llevan,
                son más firmes y constantes.
                Dale tú una miradita,
                culpa su poco tesón,
                echa alguna lagrimita,
                y al punto verás, Paquita,
                que él mismo pide perdón.

Doña Paquita (Con resolución.)
                Yo esas intrigas no sé,
                ni pienso que valen nada.
                Amo a don Juan, bien se ve;
                mas nunca le rogaré.
                Su venida es excusada.

Doña Rufina (Alterada.)
                ¿Ves lo que te he dicho, Alberto?
                Es muy gran bestia esta niña.
                No hay que pensar en concierto.

Doña Paquita   Mamá, motivo, por cierto,
                no doy de que usted me riña.

Doña Rufina   Sí, mentecata. ¿No ves
                que ya en hacerse esta boda
                se ofrece grande interés,
                porque él solo apoyo es
                para tu familia toda?

Don Alberto   Lo que yo juzgo, Rufina,
                es que poco amor le tiene
                al tal don Juan mi sobrina,

| | cuando no se determina
                 hablarle como conviene. |

| Doña Paquita | Y iqué engañado está usted!
                 Que mi amor es verdadero
                 harto se prueba y se ve
                 tan solo con notar que
                 degradarme ante él no quiero.
                 Y porque le adoro yo,
                 que volviera el mismo día
                 en que de aquí se le echó
                 y en que tanto oprobio oyó,
                 con el alma sentiría;
                 porque un hombre ha de tener,
                 para ser amado, honor,
                 como debe una mujer
                 que querida quiere ser,
                 tener vergüenza y pudor. |

| Doña Rufina | Ésas son filosofías
                 de las novelas fatales,
                 y con esas tonterías
                 siempre quedan para tías
                 las niñas sentimentales. |

| Doña Paquita | ¿Qué novelas leo yo? |

| Doña Rufina | No repliques, niña, más.
                 Mi paciencia se acabó,
                 y hoy mismo, quieras o no,
                 con don Juan te casarás. |

| Doña Paquita | Con el alma lo deseo;
                 ya lo he dicho muchas veces;

	mas poderlo alcanzar creo
	sin dar ningún paso feo.
Don Alberto	Ya ésas son ridiculeces.
Doña Rufina	Lo que yo te mande harás;
	obedecerme es lo cierto.
	¡Pues no nos faltaba más!
	¿Has visto, dime, jamás
	tan terca muchacha, Alberto?

Escena IX
Los mismos y Don Blas, que sale de su cuarto

Don Blas	Mucho de encontrar me alegro
	junta la familia toda
	para que hablemos un rato
	y arreglemos nuestras cosas.

Doña Rufina	¡Pues no está mala embajada
	con la que sales ahora!
	¿Qué tenemos que arreglar?
	Es ocurrencia graciosa
	que quien perdió su fortuna
	de una manera tan tonta
	venga con tan necio orgullo
	a arreglar ajenas cosas.

Don Blas (Con mucha calma.)
    Rufina, de mi desgracia
    culpa ninguna me toca;
    sí el enorme peso de ella,
    pues la pérdida no es floja.
    Mas ya remedio no tiene;

                por lo cual, hermana, todas
                las riñas, reconvenciones
                y quejas están de sobra.
                La pena que habéis mostrado
                al saberlo fue muy propia
                del interés y el cariño
                que debéis a mi persona;
                mas ya pasó aquel momento,
                y con más calma y pachorra,
                como muy buenos hermanos,
                que el fin lo somos, ahora
                arreglaremos el modo
                de vivir en paz.

Doña Rufina (Interrumpiéndole con viveza.)
                            ¿Con bromas
                te vienes?... Por vida mía,
                que tu vergüenza es bien poca.

Don Blas   Escucha, Rufina, un rato.
                Muy de prisa te amontonas.

Doña Rufina   ¿Escucharte? ¡Bueno fuera!
                Yo no sé por qué no tomas
                como debes tu partido.
                Que en esta casa incomodas,
                debes ya de conocer.

Doña Paquita   ¡Jesús!... ¡Mamá!

Doña Rufina   ¡Calla, tonta,
                y vámonos allá dentro
                a tratar de lo que importa,
                ya que ha osado interrumpirnos

                      este necio.

Don Blas (Con mucha paciencia.)
                      Te alborotas,
            hermana, muy pronto. Escucha.

Doña Rufina   Solo el verte me rebota.

Don Blas   ¡Rufina!

Doña Rufina (A don Alberto y a doña Paquita.)
            Vamos adentro.

Don Alberto   Tu enojo, hermana, reporta.
            Escuchémosle, que al cabo...

Don Blas (A don Alberto.)
            Ella se altera y sofoca
            porque ha juzgado que todo
            se ha perdido, y se equivoca.
            Pues aún tenemos bastante
            para pasar sin zozobras,
            no solo una vida buena,
            sino vida regalona...

Doña Rufina (Confusa y tomando un aire amable y tranquilo.)
            Pues qué, ¿se ha salvado algo...?
            Eso, Blas. es otra cosa.

Don Alberto   ¿Lo ves, Rufina?... ¿Lo ves?...
            Ten cachaza; no seas boba.

Doña Rufina   Conque di, Blas: ¿aún podemos...?

Don Blas Como sé que te incomoda
cuanto digo, no me atrevo...

Doña Rufina No me incomoda. Perdona.
Habla, pues. Conque di; ¿todo
no se ha perdido?

Don Blas (Tomando una silla y presentándosela a doña Rufina.)
  No. Toma
  esta silla y está atenta.
  Paca, Alberto: tomad otras
  y en gracia de Dios hablemos
  como la gente de forma.

(Acercan sillas doña Paquita y don Alberto, y se sientan.)

Doña Rufina (Sentándose.)
  Bien; me sentaré.

Don Alberto Sí, hermana.

Doña Rufina (A don Blas, con cariño.)
  Dinos pues, fuera de broma,
  qué has salvado y con qué suma...

Don Blas (Sentándose.)
  Voy allá. La tarde toda
  en calcular he pasado
  los recursos que aún nos sobran,
  y encuentro que son bastantes
  para no andarse a la sopa.
  En verdad, no viviremos
  con la grandeza y la pompa,
  que mis perdidos tesoros

                        prometían, mas ¿qué importa,
                        si con lo que conservamos,
                        con decoro y sin tramoyas,
                        y sin apuros podemos
                        gozar de la «vita bona»?

Doña Rufina (Impaciente.)
                        ¿Y cuáles son los recursos...
                        Explícate más.

Don Blas   Ahora.

Doña Rufina   ¿Dejastes algunos fondos
                        allá en Lima, y a personas
                        de probidad?

Don Blas   Ni una hilacha
                        dejé en tierra tan remota.

Doña Rufina   ¿Pues en letras, por ventura,
                        traías...?

Don Blas   ¡Qué! De otra cosa
                        muy distinta voy a hablaros.

Doña Rufina (Muy inquieta.)
                        Pues acaba: no seas posma.

Don Blas   Ten paciencia, ten paciencia.

Don Alberto (A doña Rufina.)
                        Sí; escucha.

Doña Rufina   ¡Jesús, qué sorna!

	Me estoy haciendo harinilla.
Don Blas	Yo tengo buena memoria,
	y me acuerdo, hermanos míos,
	que en mi época venturosa
	tres veces os he enviado
	cantidades, y no cortas.
	La primera, veinte mil
	duros: conservo la nota;
	otros diez mil, la segunda,
	y ocho mil, aún no hace ahora
	tres años, y los recibos,
	como vuestras cartas propias,
	que tomasteis estas sumas
	justifican y denotan.
Doña Rufina	¿Ves con lo que sale, Alberto?

Don Blas (Con resolución.)
　　　　　　　　　¿No he de lograr que me oigas
　　　　　　　　　sin interrumpirme un rato?

Don Alberto	Escuchemos.
Doña Rufina	¡Dale, bola!
Don Blas	Yo no dudo, hermanos míos,
	que estas cantidades todas
	se emplearon cual previne,
	y que fincas productoras
	habéis con ellas comprado,
	y de que así fue me informa
	lo que dicen vuestras cartas.
	Pues si hay propiedad, ¿qué importa

                    la desgracia que he sufrido?
                    Con su producto, que monta
                    por mi cuenta a dos mil pesos,
                    puede la familia toda
                    vivir descansadamente.
                    Además, esa bambolla
                    del uniforme de Alberto
                    producirá alguna cosa;
                    pues si nada produjera
                    fuera una gala bien tonta.
                    Tu marquesado, lo mismo.
                    Y harto que estáis bien denota
                    ver que tenéis dos lacayos,
                    vajilla de plata y otras
                    comodidades y aun lujos,
                    que nunca los pobres logran.
                    ¿Os faltará economía?
                    Pues a mí, que de estas cosas
                    entiendo, el manejo dadme...

Doña Rufina (Se levanta, interrumpiéndole, muy irritada.)
                    De escucharte estoy absorta.
                    ¿Nos vienes a pedir cuentas?...
                    ¡Pues no faltaba otra cosa!
                    ¿Cómo, atrevido, insolente,
                    necio, gobernarnos osas?
                    Que aquí tengamos o no,
                    que en fincas o en zanahorias
                    se emplearon las miserias,
                    que encareces con tal pompa
                    que falte o no economía,
                    a ti, bruto, ¿qué te importa?
                    Vuélvete a ser marinero
                    o aljamel, que con tu tosca

facha y tus sucios modales
jamás serás otra cosa,
y déjanos en paz ya.

(Todos se levantan.)

Don Blas (Sorprendido.)
    ¡Rufina!

Doña Rufina   Vete a una fonda.
Ponte al momento en la calle.

Doña Paquita   ¡Mamá, mamá!...

Doña Rufina   ¿Qué hay, mocosa?
¿También quieres reprenderme?
¡Pues digo a usted que es historia...!

Don Alberto (Muy apurado.)
    Rufina..., por Dios...

Doña Rufina   Hermano.
¿quién la cólera reporta
oyendo hablar a ese necio,
y quién, di, no se sofoca
viendo a esta insolente niña
encaramarse a doctora?
Como se parece tanto
en lo vulgar y en lo tonta
a ese zafio, a ese perdido,
su parte y defensa toma...

Doña Paquita (Afligida.)
    Yo..., mamá...

Doña Rufina (Furiosa.)
                            Calla, Paquita.
            Vete de aquí... ¡Vete, loca!

Doña Paquita (Llorando.)
            Ya me voy.

Doña Rufina   Vete al instante;
            jamás ante mí te pongas,
            si no de una bofetada
            te baño en sangre la boca.

(Vase doña Paquita por la derecha.)

Escena X
Los mismos, menos Doña Paquita

Doña Rufina   Y tú, Blas, ya lo has oído,
            aquí, en casa, nos estorbas.
            Antes que la noche llegue
            dispón, pues, de tu persona.

Don Blas (Asombrado.)
            ¿Hablas de veras, Rufina?
            ¿De tu casa así me arrojas?

Doña Rufina   Sí; como lo has escuchado.

Don Blas   ¡Y cuando he perdido toda
            mi fortuna! ¿Qué recurso...?

Doña Rufina   Amigo, pide limosna,
            que a mis costillas no quiero

        holgazanes de tu estofa.
        Y pues tanto deseabas
        vivir en el campo, ahora
        métete fraile cartujo.

Don Blas   Tu consejo me enamora.

Doña Rufina   Pues, señor, lo dicho, dicho.
        Yo en mi casa mando sola.
        No quiero tenerte en ella.
        ¡Adiós, Blas! Estás de sobra.

(Vase doña Rufina por la derecha.)

Escena XI
Don Alberto y Don Blas

(Deteniendo a don Alberto, que va detrás de doña Rufina.)

Don Blas   Hermano, escúchame, espera.
        ¿Rufina se ha vuelto loca?
        ¿Qué demonios la provoca
        a hablarme de esta manera?
        ¿Por qué es esta furia, Alberto?...
        Es una pobre mujer,
        y yo caso no he de hacer
        de su rabia y desconcierto.
        Pero tú que al cabo eres
        la cabeza de la casa,
        en vista de lo que pasa
        di qué he de hacer; di qué quieres.

Don Alberto (Confuso.)
        Yo..., Blas... En todo a Rufina

	procuro siempre dar gusto y a su dictamen me ajusto.
Don Blas	Ya sé yo que te domina.
Don Alberto	Ella tiene gran talento..., y con razón dice, Blas...
Don Blas	¿Conque diciéndome estás que me vaya en el momento?
Don Alberto	Nada digo..., Blas... Adiós; voy a ver lo que ella manda.
Don Blas	Haces bien, Alberto; anda... ¡Lástima me dais los dos!

Escena XII
Don Blas, solo

Don Blas (Después de una larga pausa.)
Ya no hay duda. Bien claro he descubierto,
y Dios de que me pesa es buen testigo,
que cuanto me informó mi fiel amigo
de mi grata familia es harto cierto.
Pero, ¡ay!, me es cara, y aún a dar no acierto
a su conducta bárbara conmigo,
y a su ambición y orgullo aquel castigo
que merece tan loco desconcierto.
Mas si trató mi amor de disculparlos
en el primer momento, ¿a sangre fría
no acabo más feroces de encontrarlos?
Tengan el premio y muera mi alegría,
que en hacerlos felices y abrazarlos

y en gozar sus cariños consistía.

Escena XIII
Don Blas y Doña Paquita, que sale de su cuarto y trae un pequeño bulto liado en el pañuelo.

Doña Paquita (Vergonzosa y cortada.)
    Tío...

Don Blas (Con mucho cariño.)
    Sobrina mía,
¿qué buscas?... Dilo presto.
Mas ¿por qué tan turbada?
¿Qué llanto es ése que en tus ojos veo?
Di...: ¿qué tienes, hermosa?

Doña Paquita
¡Ay tío! Yo no puedo
manifestar bastante
lo que me aflige de mi madre el genio,
ni la terrible pena
que allá en el alma siento
al ver cómo se porta
con usted, que parece ser tan bueno.

Don Blas
¡Qué quieres, inocente!
Desengaños son estos
que lo que puede muestran
el interés en los humanos pechos,
y que los hombres solo
halagan al dinero
y al poder consideran,
burlándose de amor y parentesco,
porque almas corrompidas
no abrigan los afectos

| | que pueden por sí solos |
| | proporcionar dulzuras y consuelos. |

Doña Paquita   ¡Ay! De usted la venida,
                y sin usted saberlo,
                me sumió para siempre
                en un mar de dolor y de tormentos.
                Las dulces esperanzas
                que alentaban mi pecho
                por causa de usted, tío,
                volaron ya como engañoso sueño.
                Y, a pesar de este daño
                tan grande que me ha hecho,
                inspira el alma mía
                tierno cariño y singular respeto.

Don Blas (Abrazándola con ternura.)
                Llega a mis brazos, niña.
                No sabes el consuelo
                que tus dulces palabras
                difunden, ¡ay!, que en mi angustiado pecho.

Doña Paquita   Una cosa quería.

Don Blas   ¿Qué quieres...? Dilo luego.

Doña Paquita   ¿Y usted, tío, me ofrece
                que no se enfadará...?

Don Blas   Dilo sin miedo.

Doña Paquita   Harto, señor, conozco
                que la suerte le ha puesto
                en el mayor apuro

en que puede encontrarse un hombre recto;
y para remediarlo, de todo el Universo
tener quisiera, tío,
no las riquezas, no, sino el imperio;
mas ya que no me es dado
tanto como deseo,
lo que puedo ofrecerle
con toda el alma y corazón le ofrezco.

(Desenvuelve el pañuelo y saca una cajita que contiene el collar de perlas y los pendientes.)

Estas hermosas perlas,
este rico aderezo,
que usted, tan generoso,
me dio sin conocerme, le devuelvo.
Su valor usted sabe;
que lo tome le ruego,
y con su importe, tío,
sin apuros vivir podrá algún tiempo.

Don Blas (Admirado.)
¿Qué pretendes, muchacha?
¿Niña, qué estás diciendo?...

Doña Paquita (Con resolución.)
Si usted, señor, lo acepta,
me hará la más feliz del Universo.

Don Blas   No lo dudo, hija amada,
porque sé que es el premio
de acciones semejantes
el sabroso placer de haberlas hecho.

(Abraza con ternura a doña Paquita.)
¿Qué puedo responderte?
Nada. Vuelve a mi seno,

                    porque voces me faltan
                    conque explicar lo que en mi alma siento.

(Vuelve a abrazarle.)

Doña Paquita (Con cariño.)
                    Conque usted lo recibe...?

Don Blas (Con gran ternura.)
                    Recibirlo no debo.
                    Disfrútalo, sobrina,
                    pues prenda es ya de mi cariño tierno.

Doña Paquita   Una vez le he estrenado.
                    Ya le he tenido al cuello...
                    Ahora usted lo disfrute.
                    ¡Ah!, no me prive usted de ese consuelo.

Don Blas   Pero Paquita amada.

Doña Paquita   Yo usarle ya no puedo,
                    porque es de mucho lujo
                    para la situación en que nos vemos.
                    Además, francamente,
                    si acaso lo conservo,
                    pronto estará empeñado.
                    Pronto...

Don Blas (Muy enternecido.)
                            Basta, Paquita. Te comprendo.
                    Le tomo..., sí; le tomo..
(Toma la cajita y mirando a la puerta de la izquierda, dice):
                    Alguien viene... No quiero
                    que me encuentren llorando.

>   No te arrepentirás de lo que has hecho.

(Vase a su cuarto.)

Escena XIV
Doña Paquita y Pascual, por la izquierda

Pascual   Buen ánimo, señorita.
                     Ya está en casa aquel zorzal.

Doña Paquita (Volviendo en sí.)
                     ¿Quién dices que está, Pascual?

Pascual   Una agradable visita.

(Vase por la puerta del fondo.)

Escena XV
Doña Paquita y Don Juan, por la derecha

Doña Paquita (Sorprendida.)
                     ¡Ay Jesús!...

Don Juan (Turbado.)
                                ¡Oh trance fuerte!
                     ¡Cuánto el encontraros siento!

Doña Paquita (Confusa.)
                     ¿El verme os da sentimiento...?

Don Juan (Abatido.)
                     Tal es, Paquita, mi suerte.

Doña Paquita   Si supierais...

Don Juan   ¿Qué, mi bien?

Doña Paquita   Lo que ha pasado en mi casa...

Don Juan   ¡Ay!, lo que en la mía pasa
                    es lastimoso también.

Doña Paquita (Asustada.)
                    ¿Qué decís? Pues ¿qué sucede?

Don Juan   ¿Por qué lo queréis saber?
                    Quien infeliz ha de ser,
                    con nada evitarlo puede.
                    Yo al momento que os perdí
                    empecé a serlo, Paquita,
                    y la suerte precipita
                    hoy sus males sobre mí.

Doña Paquita (Turbada.)
                    No os entiendo... ¿Habéis venido
                    porque un recado... quizás...

Don Juan   Paquita, el ver a don Blas
                    a esta casa me ha traído.

Escena XVI
Los mismos y Doña Rufina

Doña Rufina (Muy contenta.)
                    Bien, muy bien. Así me agrada.
                    Como tórtolos están.
                    Muy bien venido, don Juan.
                    Paca, ¿estás ya consolada?

Don Juan (Con seriedad.)
    ¡Señora!

Doña Rufina   Desde el balcón
venir, gozosa, os he visto
tan lindo mozo y tan listo...
Buena, Paca, es tu elección.

Don Juan   ¡Señora!

Doña Rufina   ¡Qué!... ¿Está enojado?
No se haga usted retrechero,
pues bien sabe, caballero,
que siempre se le ha estimado.

Don Juan   Me admiro...

Doña Rufina (Con viveza.)
    ¿Mimos queréis?
Pues pelillos a la mar,
y vamos a concertar
que luego, luego, os caséis.

Don Juan   Advertid, señora, que
ya de muy distinto modo...

Doña Rufina   No conoce usted que todo
por probarle solo fue.
(A doña Paquita.)   Desengáñele, hija mía;
conténtale... Dile, pues...

Doña Paquita (Avergonzada.)
    ¡Jesús, mamá!

Doña Rufina   Todo es
cariño y zalamería.

Don Juan   Es otro tiempo, señora;
no a tratar amores vengo.
Hartos infortunios tengo
que me atormenten ahora.

Doña Rufina   ¿Tan presto se os fue el amor?

Don Juan (Afligido.)
¡Ay! Del triste pecho mío
jamás saldrá, yo lo fío,
para tormento mayor.

Doña Paquita (Con vehemencia.)
¡Ay don Juan!... ¡Mamá!...

Doña Rufina   Al momento
vuestro deseo veréis...

Don Juan   Por piedad, no acrecentéis
mi dolor y mi tormento.

Doña Rufina   ¡Qué! ¿No queréis a Paquita?

Don Juan (Con muestras de gran dolor.)
Con toda el alma la adoro,
es mi bien, es mi tesoro;
mas la suerte me la quita.

Doña Rufina   Ya es vuestra.

Don Juan   No lo será.

Doña Paquita   ¿Qué escucho?... ¡Cielos!

Don Juan   Señora...,
mi corazón, ¡ay!, la adora;
pero la he perdido ya.

Doña Rufina   No os entiendo. ¿Vos perderla?

Don Juan   Sí... Cuando la pretendía,
medios de sobra tenía
con que poder mantenerla.
Pero acabo de quebrar.
Ya mi casa está perdida;
y a quien adoro, en mi vida
podré, señora, engañar.

Doña Paquita   ¡Ay de mí!... ¡Cielos!, ¿qué dice...?
(Como queriendo abrazar a don Juan.)
¡Oh don Juan...!

Doña Rufina (Conteniéndola.)
            Niña, contente.

Doña Paquita   ¡Mamá!
(Corre a sentarse en la silla más inmediata con muestras de desmayarse.)

Doña Rufina (A don Juan, con enfado.)
            ¡Jesús!... ¡Qué imprudente
que está usted!

Don Juan   ¡Soy infelice!

Doña Rufina (Se acerca a su hija, y dice, gritando):
¡Ana!... Ven, Ana... Ven presto.

Escena XVII

Los mismos y Ana, apresurada

Ana ¿Qué ha ocurrido?

Doña Rufina Agua al instante.

Don Juan ¿Hay martirio semejante?

Ana (Acercándose con cariño a doña Paquita.)
Doña Paquita..., ¿qué es esto?

Doña Paquita (Se levanta y se apoya en Ana.)
Nada...

Doña Rufina En tu cuarto mejor...

Doña Paquita (Abatida.)
Sí..., mejor será... Me voy.

Don Juan ¿Esto miro y vivo estoy...?

Doña Paquita (Yéndose poco a poco sostenida por Ana.)
¡Don Juan, don Juan!

Don Juan ¡Oh dolor!

(Vase doña Paquita con Ana y don Juan queda a un lado sumergido en el más profundo abatimiento, y a otro doña Rufina, muy pensativa.)

Escena XVIII
Don Juan y Doña Rufina

Doña Rufina (Aparte, después de un rato de silencio.)
          Ya veo que la fortuna
          contra mí se ha declarado
          de modo que no ha dejado
          abierta puerta ninguna.
(Acercándose a don Juan con seriedad.)
          Tiene usted razón, don Juan.
          Si su fortuna perdió,
          como honrado se portó,
          que hombre pobre no es galán.
          Ni yo mi hija le diera,
          porque soy mujer prudente.
          Pero tan raro accidente,
          ¿cómo fue, de qué manera?

Don Juan (Volviendo en sí.)
          ¿Qué puedo deciros yo?
          Que vuestro hermano don Blas,
          porque no hay, señora, más,
          nuestra quiebra ocasionó.

Doña Rufina   ¿No lo he dicho?... Ese jumento
          no solo a sí se ha arruinado,
          mas tras de sí habrá llevado
          la fortuna de otros cientos.

Don Juan   No; don Blas nada ha perdido.

Doña Rufina (Admirada.)
          ¿Qué decís? ¿Pues tus tesoros

| | robados por unos moros, |
| | cerca de Cádiz, no han sido? |

Don Juan   Sí, señora; mas traía
                todo, todo asegurado,
                y debe serle abonado
                todo por la Compañía.

Doña Rufina (Muy solícita.)
                Explicadme; no comprendo
                el asegurar qué es,
                ni esa Compañía, pues
                de esas cosas nada entiendo.

Don Juan   El seguro, en conclusión,
                es quien responda tener
                de que no se ha de perder
                alguna especulación,
                con lo que el interesado,
                en suma, no arriesga nada,
                porque el daño se traslada
                a aquel que lo ha asegurado;
                y hay un establecimiento
                formado por negociantes
                que dan fianzas semejantes
                cobrando el tanto por ciento.
                Don Blas, como hombre advertido,
                cuando de Lima salió,
                sus fondos aseguró,
                por lo que nada ha perdido.

Doña Rufina   Pues ¿los trescientos mil duros
                que traía en la fragata...?

Don Juan	Los tiene al momento en plata, y los tiene muy seguros.
Doña Rufina	¿Conque los tiene...?
Don Juan	Sin duda.

Doña Rufina (Fuera de sí de contento.)
¡Alberto, Alberto!, ven luego;
aún no hemos perdido el juego:
la fortuna nos ayuda.
Ven al momento, y tú, Ana,
sal al punto.

Don Juan (Aparte.)
¡Qué mujer!

Doña Rufina   Hoy loca me he de volver:
todo mi suerte lo allana.
Pero... ¿usted cómo perdió...?

Don Juan   Porque en la tal Compañía,
aunque harto yo me oponía,
mi buen padre se metió.

Doña Rufina (Sin hacer caso de don Juan.)
¡Alberto!

Don Alberto (Dentro.)
Ya voy, mujer.

Doña Rufina   Pues don Juan, en el instante
aquí el dinero contante
hoy mismo se ha de poner.

Escena XIX
Los mismos y Don Alberto

Don Alberto   ¿Qué diablos ha sucedido,
                     que con tanta prisa estás?

Doña Rufina   Que nuestro querido Blas
                     nada, nadita ha perdido.
                     El señor puede contarte
                     lo que ocurre y de qué modo
                     ha logrado salvar todo.

Don Alberto (Confuso.)
                     No sé qué crédito darte,
                     ni comprendo lo que es esto.
                     Explícate, hermana, pues.

Doña Rufina   Hermano, la cosa es...
                     Don Juan lo dirá más presto.

Don Juan (A don Alberto.)
                     ¿No lo saben? Que don Blas
                     sus fondos aseguró,
                     por lo que nada perdió.
                     No es menester decir más.
                     Yo soy el comisionado
                     de la triste Compañía
                     de Seguros que en el día
                     con este asunto ha quebrado,
                     porque trescientos mil duros
                     no es, señor, una friolera;
                     y sabéis que no hay espera
                     en esto de los seguros.

>De Cádiz aviso tengo
>que cien mil ya tiene allí,
>y a tratar del resto aquí
>con el mismo don Blas vengo.

Don Alberto (Suspenso.)
>¡Muy bien!

Doña Rufina
>¿Conque listos ya
>cien mil hay?

Don Juan
>En el instante.

Doña Rufina ¿Y la cantidad restante?

Don Juan Don Blas no la perderá.

Don Alberto ¡Buena fortuna, por cierto!

Doña Rufina (Acercándose a la puerta de la izquierda.)
>Ana, ven al punto; ven.
>¿Quién con tanta dicha, quién
>no ha de delirar, Alberto?

Escena XX
Los mismos y Ana

Ana Señora, ¿qué manda usted?

Doña Rufina (Con gran contento.)
>No es nada; cosa de juego.
>Vuelvan los lacayos luego,
>vuelvan al punto.

Ana	Pues ¿qué...?
Doña Rufina	Nada se ha perdido, nada; que esté la comida presta y ten la mesa dispuesta, pues nuestra suerte es colmada.
Ana (Dudosa.)	Señora, no sé qué diga.
Doña Rufina	Se han salvado los tesoros, y ya a los corsarios moros podemos dar una higa.
Ana	Pero ¿es posible?
Doña Rufina	Ana, sí; más éntrate en el momento de Blasito al aposento, y dile que salga aquí.

(Vase Ana por la puerta de la derecha.)

Escena XXI
Los mismos, menos Ana

Don Alberto	Rufina, ¿qué te parece?
Doña Rufina	Estoy de gozo alelada.
Don Alberto	Don Juan, ¿y queda arruinada la Compañía?
Don Juan	Perece.

Escena XXII
Los mismos y Ana y Don Blas, con el mismo vestido con que vino la primera vez

Doña Rufina (Acercándose a don Blas con mucho cariño.)
          ¡Bien, Blasito, te has burlado!
          Ven acá, ven, buena pieza.
          ¿Quién te puso en la cabeza
          darnos chasco tan pesado?
          Sabiendo el grande interés
          que por ti todos tenemos,
          ha sido...

Don Blas (Interrumpiéndola con seriedad..)
          Luego hablaremos.
          Él que me busca, ¿quién es?

Don Juan   Yo, que tengo comisión
          de los aseguradores...

Doña Rufina   Al fruto de tus sudores
          Dios echó la bendición.

Don Blas (Mirando cariñosamente a don Juan.)
          ¿Usted sin duda será
          don Juan Antonio de Greda?

Don Juan   Quien con cuanto valga y pueda
          gozoso a usted servirá.
          Y no era, señor, preciso
          haber la carta enviado,
          pues de Cádiz me ha llegado
          de todo directo aviso,

       y ya estaba yo dispuesto
       a venir en el instante,
       que el negocio es importante
       y ha de transigirse presto.
(Saca unos papeles.) Este es, señor, el contrato,
       y esta carta le previene
       que cien mil duros ya tiene
       en Cádiz a su mandato.
       Los doscientos mil siguientes
       no puede la Compañía
       aprestarlos en el día,
       pues no hay fondos suficientes;
       mas fianzas presentará,
       y si usted no halla embarazo,
       en un convenido plazo
       el total satisfará.

Doña Rufina (Con viveza.)
       ¿Qué embrollos son estos? Di.

Don Blas (Con frialdad, leyendo los pa peles.)
       No me distraigas, mujer.

Don Juan (Cortado.)
       Yo, a la verdad, pretender,
       no osara nada por mí,
       y aunque desde el mismo punto
       en que la nueva llegó
       mi anciano padre cayó
       malo y casi está difunto,
       porque es de la-Compañía
       y es ya su quiebra segura,
       sé llevar la desventura
       con firmeza y valentía;

          pero, cual comisionado
          por los otros, ruego a usted
          que ese respiro les dé,
          y quedará hipotecado...

Doña Rufina (Con viveza, metiéndose en medio.)
          ¿Cómo...? ¡No faltaba más!...
          El dinerito al momento.
          Para eso el tanto por ciento
          se pagó. No accedas, Blas.
          Al punto una ejecución
          y venderles la camisa.
          Pagar es cosa precisa,
          y doblón sobre doblón.

Don Alberto (Conteniéndola y llevándosela aparte.)
          Calla, Rufina, por Dios.

Doña Rufina   No, que es muy bueno Blasito
          y este truchimán maldito...

Don Alberto   Ya se entenderán los dos.

Doña Rufina (Volviendo a meterse en medio.)
          Don Juan, no hay que pretender...

Don Juan (Con resentimiento.)
          Yo por mí nada pretendo.

Doña Rufina   Ya los designios comprendo...

Don Blas (Con enfado.)
          Calla la boca, mujer.
(A don Juan.)

                        Sea usted, señor, servido
                        de venir a mi aposento,
                        donde a solas al momento
                        quedará esto concluido.
                        Los conciertos firmaré,
                        y buscaremos el modo
                        de que en paz se arregle todo.

Don Juan   Siempre, señor, lo esperé,

(Vanse los dos por la puerta del fondo.)

Escena XXIII
Don Alberto, Doña Rufina y Ana

Doña Rufina (Inquieta.)
                        Todito se va a embrollar.
                        A ver lo que tratan voy,
                        porque temiéndome estoy...

Don Alberto (Conteniéndola.)
                        Déjalos, Rufina, hablar.

Doña Rufina   ¿No conoces...?

Don Alberto   Ten prudencia.

Doña Rufina   ¡Jesús! Por mi gusto entrara
                        y a ese tenderillo echara...

Don Alberto   Rufina..., ¡por Dios! ¡Paciencia!

Doña Rufina (Reparando en Ana.)
                        Ana..., ¿y con tal flema estás...?

	¿Los lacayos han venido?
Ana	¡Si ha un instante que se han ido!
Doña Rufina	¿Por qué a buscarlos no vas?
	Yo no sé por qué estuviste
	en echarlos tan ligera,
	pues ésta es la vez primera
	que puntual obedeciste.
	¿Y la niña?
Ana	Adentro está llorando.
Doña Rufina	¡Llanto bien tonto!
	Anda a decirle que pronto
	se consuele y venga acá.

(Vase Ana por la izquierda.)

Escena XXIV
Don Alberto y Doña Rufina

Doña Rufina	¿Por qué estás tú tan callado?
Don Alberto	Porque siento la aspereza
	que con tanta ligereza
	con Blas habemos usado.
Doña Rufina	Déjalo a mi cargo todo,
	un bobalicón es él,
	y yo de tornar en miel
	el acíbar tendré modo.

Don Alberto Mucho fío en tu talento;
  pero ¿qué...?

Doña Rufina Lo que has de hacer
  es irte, hermano, a poner
  tu uniforme en el momento.

Don Alberto (Admirado.)
  ¡Rufina!

Doña Rufina Sin duda, sí.

Don Alberto Mujer..., ¿tú no consideras...?

Doña Rufina Haz, Alberto, lo que quieras;
  pero me parece a mí...

Escena XXV
Los mismos y Ana y Doña Paquita, por la izquierda

Doña Paquita ¿Es cierto, es cierto, mamá,
  lo que Ana me ha dicho...?

Doña Rufina Es
  muy cierto. Alégrate, pues.
  Nuestra suerte fija está.

Doña Paquita ¡Ay!... ¡Si yo a aquel desgraciado
  pudiera...!

Doña Rufina ¡Niña!..., ¿qué dices?
  Calla y no me encolerices.

Doña Paquita ¡Infeliz!...

Doña Rufina (Irritada.)
                        Pues ¿qué has pensado...?
                        ¿A qué es ese desconsuelo?...
                        ¿Quién mayor tontera vio?

Doña Paquita (Llorando.)
                        ¡Ay!... ¡Qué feliz fuera yo
                        si mi tío!... ¡Santo Cielo!

Doña Rufina   No me apures. Puedes ya
                        mostrarte alegre.

Doña Paquita   ¡Ay de mí!

Doña Rufina   Si tu tío te ve así,
                        di, bestia: ¿qué pensará?

Doña Paquita   Déjeme usted que en mi alcoba...

Doña Rufina   ¿Qué es lo que dices, Paquita?
                        Aquí conmigo. Y me irrita
                        ver esa pena tan boba.
                        Aquí y contenta has de estar.

Doña Paquita   Yo, mamá, no sé fingir.

Doña Rufina   Si no te veo reír,
                        los bofes te he de sacar.

Escena XXVI
Los mismos y Pascual, por la izquierda

Pascual   Aquí está otra vez, señores,

                              aquel honrado vejete.

Don Alberto (Admirado.)
                              ¡Otra vez don Simeón!

Doña Rufina   Y el infante, ¿qué pretende?
                              Que suba al punto, y verá
                              cómo le casco las nueces.
                              ¡Picarón!... Dile que venga.

Pascual (Mirando a la puerta.)
                              No es menester, que ya viene.

Escena XXVII
Los mismos y Don Simeón

Don Simeón (Haciendo muchas reverencias.)
                              Después de haber dado gracias
                              al señor Omnipotente
                              porque ha reservado a usías
                              de una deplorable suerte,
                              vengo a darles muy rendido
                              los mayores parabienes,
                              y a que mi señor don Blas
                              por su siervo reverente
                              me tenga y me reconozca,
                              y en su gracia me conserve.

Doña Rufina   Que habla usted muy de otro modo
                              que hace un rato me parece.

Don Simeón   Siempre he respetado a usías
                              y a su clase cual se debe.
                              Si una noticia inexacta

            pudo repentinamente...,
            jamás eran mis intentos...

Escena XXVIII
Los mismos y Don Miguel, por la derecha

Don Miguel (Despechado.)
            ¡Maldita sea mi suerte,
            maldita mil veces sea,
            y maldito cien mil veces
            el que inventó la baraja!

Doña Rufina (Muy solícita.)
            ¿Qué te sofoca? ¿Qué tienes?

Don Miguel   Un dineral he perdido.

Don Alberto   Mas.... ¿lo has perdido o lo debes?

Don Miguel   Lo debo. Y es a persona
            a quien faltar no se puede,
            porque es capaz...

Doña Rufina   No te importe,
            que hay recursos suficientes.

Don Miguel   Ese Blas, ese perdido,
            de todo la culpa tiene.

Doña Rufina (Muy apurada.)
            Calla, Miguelito; calla.

Don Miguel   ¡Qué he de callar!

Don Alberto   Nos conviene.

Don Miguel (Sin escuchar a nadie.)
                         ¿Se ha marchado ya de casa?
                         Los demonios se lo lleven.
                         Hablando de su aventura
                         me distraje, y cuatro veces
                         equivoqué una judía...
                         Lo mato si llego a verle.

Doña Rufina   Calla, Miguel.

Don Alberto   Tú no sabes...

Don Miguel   De una oreja al punto...

Don Alberto (Con viveza.)
                                   Advierte
                         que conserva sus tesoros.

Don Miguel   ¿Qué me dices?

Don Alberto   Sí; contente.

Doña Rufina   Cien mil duros tiene en Cádiz,
                         lo demás está corriente,
                         y arreglando está en su cuarto...

Don Miguel (Suspenso.)
                         ¿De veras? Mas ¿cómo puede
                         ser esto?

Don Alberto   Ya lo sabrás.

Doña Rufina   Sosiégate y está alegre,
                       pues todos nuestros afanes
                       pronto, Miguel, van a verse
                       cumplidos.

Don Miguel   Pero... ¡Rufina!

Don Simeón   Don Blas, como muy prudente,
                       aseguró sus tesoros...

Don Alberto (Mirando a la puerta del fondo.)
                       Callad, callad, que aquí viene.

Escena XXIX
Los mismos y Don Blas y Don Juan

Doña Rufina (Yendo hacia don Blas con muestras de cariño.)
                       ¿Dejas ya todo arreglado,
                       Blasito, como conviene?
                       Pues un abrazo he de darte,
                       que este chasco lo merece.

(Va a abrazar a don Blas, y él la contiene; pero ella, disimulando, continúa):

                       La mejor casa de campo
                       que en los contornos se encuentre
                       voy a buscar al momento
                       para que...

Don Blas   No te molestes.
                       Te lo agradezco, Rufina.
                       Mi plan es ya diferente.

(Queda sumergido en profunda meditación.)

Don Alberto (Turbado.)
    Si en la ciudad con nosotros,
    hermano, quedarte quieres...

Don Miguel (Acercándose a don Blas.)
    Muy bien nos has embromado.

Don Simeón (Haciendo cortesías a don Blas.)
    Yo, señor, vengo a ofrecerme...

Doña Rufina (Meneando a don Blas.)
    Mira..., Blasito.... responde.

Ana (Aparte.)
    ¡Qué poca vergüenza tienen!

Don Blas (Vuelve en sí, da un suspiro y dice, con resolución):
    Me decido... Es necesario.
    Ruego que todos ustedes
    me escuchen por un momento;
    seré compendioso y breve.
    A mi salida de Lima,
    juzgando que mis parientes
    eran lo que mi cariño
    apetecía que fuesen,
    pensé repartir con ellos
    mis riquezas y mis bienes,
    reservando aquello poco
    que juzgara suficiente
    para pasar en retiro
    dulce quietud, vida alegre;
    y para que en todo caso
    mis deseos se cumpliesen,

extendí mi testamento,
mandándolo así.

(Saca un papel del bolsillo.)

Y es éste.
En navegación tan larga
era mi consuelo siempre
pensar las caricias dulces
de que colmado iba a verme
al llegar a una familia
que mil recuerdos me debe,
pensando que a mí, a mí solo,
rico, o pobre, o como fuese,
aquel amor conservaba
que sangre o costumbre encienden,
y por el cual, yo lo juro,
diera cuanto darse puede.
Al ver que de bajo estado
habían subido mis gentes
a los títulos y honores,
que justo premio ser deben
de méritos y virtudes,
soñaba yo neciamente
que con ellos y con ellas
las habían logrado; y este
pensamiento difundía
en mi pecho mil deleites.
Cuando al término llegaba
de mis soñados placeres,
casi a la vista de Cádiz,
unos piratas aleves
abordaron mi fragata
y me robaron los bienes;

y aunque, estando asegurados,
nada perdí, los crueles
momentos del abordaje,
los peligros inminentes
de la terrible sorpresa
y el ver cercana la muerte,
ni yo aquí puedo pintarlos,
ni es posible encarecerse,
porque en tan duros momentos,
aunque el oro se conserve,
se piensa solo en la vida,
se olvidan los intereses.
Llego a Cádiz; mis asuntos
arreglo en momentos breves,
al seno de mi familia
venir anhelando siempre;
y a un amigo verdadero,
que tal nombre le compete,
descubrí los planes míos,
y anheloso preguntéle
qué concepto mis hermanos
disfrutaban. Muchas veces
se lo pregunté, y negóse,
reservado, a reponderme.
Importunéle de nuevo,
le conjuré me dijese
la verdad; pero él tan solo
me respondió, cual prudente:
«Consulta con otros, Blas;
yo no sé qué responderte.»
Harto me dijo mi amigo
para en confusión ponerme.
Indago, inquiero, pregunto,
busco medios diferentes

                  de saber lo que anhelaba.
                  ¿Y qué me dijeron? Pueden,
                  pueden muy bien conocerlo,
                  sin que yo lo diga, ustedes.

Doña Rufina   Si tú crédito no dieras
                  a embrollones mequetrefes,
                  que solo...

Don Blas (Indignado.)
                              Basta, Rufina.
                  ¡Ojalá mentiras fuesen
                  los informes que me dieron!
                  Más feliz fuera mi suerte.
                  Pero... mi experiencia propia.
                  ¿de qué modo se desmiente?
                  Hallando que era buen medio
                  la pérdida de mis bienes
                  con que hacer una experiencia,
                  para mí costosa siempre,
                  vine a buscaros cual pobre.
                  ¿Y qué encontré...? Respondedme.
                  ¿Qué encontré...? Ya basta, ingratos.
                  «Tanto vales cuanto tienes»
                  es vuestra máxima infame.
                  ¿No os confunde solo el verme?

Doña Rufina (Con mucha humildad.)
                  Blasito, pero hazte cargo...

Don Blas   ¿Aún a respirar te atreves?
                  Ya son otros mis designios
(Rompe el testamento que tiene en la mano.)
                  Esto solo, esto merece

vuestra insensatez y orgullo.
No reparto yo mis bienes
con ociosos mentecatos
que virtud ninguna tienen.
De esos títulos y honores
que a tal punto os envanecen,
y que en vuestras viles almas
consiguen tanto ascendiente
que los sublimes afectos
de naturaleza vencen;
de esos títulos y honores,
que en vez de inspirar a ustedes
honor y nobles virtudes
les sirven tan solamente
de estímulo a nuevas trampas
y a otros vicios y sandeces,
sacad, sacad todo el fruto,
y mis tesoros se queden
para ser con mi cariño
premio de quien los merece.
Paca, cincuenta mil duros
para dote, pronto tienes,

(Saca del bolsillo la cajita del collar de perlas que le dio doña Paquita en la escena XIII de este acto.)

con este collar de perlas,
que mi gratitud te vuelve.

Doña Paquita (Sorprendida.)
¡Tío!

Don Blas (Abrazándola.)
Sí, sobrina amada.
Y tu esposo será éste.

(Toma a don Juan del brazo y lo pone junto a doña Paquita.)

Don Juan ¡Señor!

Don Blas (A don Juan.)
                    Nada hay que decirme.
                    Muy bien vuestro padre puede
                    su salud recobrar luego,
                    sin que más en quiebras piense.

Doña Paquita ¡Tío!

Don Juan (Queriéndose arrojar a los pies de don Blas.)
                    Permitid...

Don Blas (Conteniéndole.)
                    ¿Qué hacéis?
                    Vuestro amor tan solamente
                    exijo por recompensa;
                    mi cariño otra no quiere.

Doña Rufina (Dudosa.)
                    ¿Y de veras has hablado?

Don Blas ¿Pues aún dudándolo estás?

Doña Rufina ¿Conque así nos dejas, Blas?
             ¡Por cierto que te has portado!

Don Blas Me admiro de tu imprudencia.
          ¡Extraña es tu condición!

Doña Rufina (Furiosa.)
                    ¿Conque nos dejas, bribón,

a la Luna de Valencia?

(Se retira a sentarse en una silla con muestras de gran despecho.)

Don Alberto   Pero yo, Blas...

Don Blas   Anda, Alberto.
                   Eres mejor que Rufina,
                   mas como ella te domina,
                   no hay que pensar en concierto.

(Se retira don Alberto, confundido.)

Don Simeón   Muy discreto andáis, señor;
                   y quien es tan sabio y justo
                   no recibirá disgusto
                   en darme amparo y favor,
(Saca el recibo.)
                   Aquí tengo este recibo...

Don Blas   ¿A verlo?

Don Simeón (Le da el recibo.)
                              Tomadlo, pues,
                   y conoceréis que es
                   en extremo ejecutivo.

Don Blas (Rompe el recibo.)
                   Ya está visto, y esto hago.

Don Simeón (Desesperado.)
                   ¡Cómo!... ¡Por vida de tal!...
                   ¡Y que yo, necio, animal,
                   lo soltara!

Don Blas   Al punto el pago
       de tres mil reales tendréis,
       que es lo que prestateis hoy;
       y agradeced que no doy
       el paso que merecéis.

Don Simeón   Yo, señor, di mi dinero
       de buena fe, y no es razón...

Don Blas   ¿Queréis luego a una prisión
       ir por infame usurero?

Don Simeón (Amedrantado.)
       Si mis tres mil veo yo...

Don Blas (Dándole un papel envuelto.)
       Ahí van en oro; y os ruego
       que os ausentéis luego, luego.

Don Simeón (Aparte, después de reconocer el papel.)
       En fin, nada se perdió.

(Vase con gran prisa.)

Escena XXX

Los mismos, menos Don Simeón

Doña Paquita (Con mucha ternura.)
       ¡Tío, señor...

Don Blas   ¿Qué, hija mía?
       ¿No estás con tu esposo ya?

Doña Paquita   ¡Ay! En vuestra mano está
                el completar este día.
                ¡Mi pobre madre, señor...!
                ¡Por mi madre...!

Don Blas   Si en un año
                enmienda su orgullo extraño,
                se ablandará mi rigor.

Doña Rufina (Levantándose furiosa de la silla.)
                No quiero deberte a ti
                nada, ni a esa bachillera.
                Si para casarse espera
                mi licencia, la doy, sí.
                Tan tonta es, tan incapaz,
                que nunca será señora.
                Cásese, pues, en buen hora,
                con tal que me deje en paz.
(Con gran altanería.)
                Alberto, somos señores.
                A esta gentuza dejemos,
                que nosotros sacaremos
                el fruto a nuestros honores.
                Tú, Miguel, ¿por qué te abates?
                Siempre tu Rufina soy,
                y hoy mismo, si quieres; hoy...

Don Miguel (Con despego.)
                No digas más disparates.

Doña Rufina   ¿Conque...?

Don Miguel   ¡Calla!
(Acercándose a don Blas.)

                        Blas, de mí
            no tendrás queja fundada,
            pues no me he metido en nada.

Don Blas (Recordando.)
                        ¡Ah! Se me olvidaba..., sí.
(Saca del bolsillo un pliego cerrado y se lo da.)
                        El capitán general,
            por esta orden, al momento
            manda que a su regimiento
            vaya el señor oficial.
            Sabiendo yo tu valor,
            en Cádiz se la he pedido,
            pues sin su tropa aburrido
            está un militar de honor.

Don Miguel (Lee el pliego, y muy alterado dice)
            No sé cómo me contengo,
            no sé cómo a bofetones,
            a palos y a puntillones,
            de esta ofensa no me vengo.
            Maldita la hora menguada
            en que saliste de Lima.
            ¡Qué esto nos suceda, prima...!
            Si meto mano a la espada...

Doña Rufina (Conteniéndole.)
                        No te pierdas, Miguel, no.
(Con gran altanería.)
                        Blas, Paca, don Juan, ¡tunantes!,
            marchad de esta casa, antes
            que de ella os arroje yo.

Don Alberto   Rufina, déjalos; calla.

Doña Rufina	¿Cómo? Yo en mi casa mando. Lucifer me está llevando. Marchad, plebeya canalla.

(Vase por la izquierda, y detrás de ella don Alberto y don Miguel, todos con muestra de gran despecho.)

Escena última
Don Blas, Don Juan, Doña Paquita, Ana y Pascual

Don Blas (Mirándola con lástima.)	¡Dios te perdone, Rufina! Vámonos. Mientras tu boda se concluye y acomoda, vente conmigo, sobrina.
Don Juan	Señor, en mi casa...
Don Blas	No. No fuera decente.
Don Juan	Bien.
Ana	¡Ay señorita! También con usted me quiero ir yo.
Doña Paquita	Con mucho gusto.
Pascual	Y yo digo, ¿irme con usted no puedo? Porque en casa no me quedo.
Don Blas	Pascual, te vendrás conmigo.

Ana (A Pascual)	¿Conque tú también te vienes?
Pascual	Sí, y queda finalizada la comedia titulada «Tanto vales cuanto tienes».
Ana	Pero antes pide, rendido, solo un recuerdo y no más... y aún pide mucho, quizás, un ingenio perseguido.

Malta, 1827

Fin de «Tanto vales cuanto tienes»

Libros a la carta

A la carta es un servicio especializado para
empresas,
librerías,
bibliotecas,
editoriales
y centros de enseñanza;
y permite confeccionar libros que, por su formato y concepción, sirven a los propósitos más específicos de estas instituciones.
Las empresas nos encargan ediciones personalizadas para marketing editorial o para regalos institucionales. Y los interesados solicitan, a título personal, ediciones antiguas, o no disponibles en el mercado; y las acompañan con notas y comentarios críticos.
Las ediciones tienen como apoyo un libro de estilo con todo tipo de referencias sobre los criterios de tratamiento tipográfico aplicados a nuestros libros que puede ser consultado en Linkgua-ediciones.com.
Linkgua edita por encargo diferentes versiones de una misma obra con distintos tratamientos ortotipográficos (actualizaciones de carácter divulgativo de un clásico, o versiones estrictamente fieles a la edición original de referencia).
Este servicio de ediciones a la carta le permitirá, si usted se dedica a la enseñanza, tener una forma de hacer pública su interpretación de un texto y, sobre una versión digitalizada «base», usted podrá introducir interpretaciones del texto fuente. Es un tópico que los profesores denuncien en clase los desmanes de una edición, o vayan comentando errores de interpretación de un texto y esta es una solución útil a esa necesidad del mundo académico.
Asimismo publicamos de manera sistemática, en un mismo catálogo, tesis doctorales y actas de congresos académicos, que son distribuidas a través de nuestra Web.
El servicio de «libros a la carta» funciona de dos formas.
1. Tenemos un fondo de libros digitalizados que usted puede personalizar en tiradas de al menos cinco ejemplares. Estas personalizaciones pueden ser de todo tipo: añadir notas de clase para uso de un grupo de estudiantes, introducir logos corporativos para uso con fines de marketing empresarial, etc. etc.

2. Buscamos libros descatalogados de otras editoriales y los reeditamos en tiradas cortas a petición de un cliente.

www.ingramcontent.com/pod-product-compliance
Lightning Source LLC
Chambersburg PA
CBHW022105090426
42743CB00008B/718